AF356392

# HISTOIRE

## DES SINGES,

### ET AUTRES ANIMAUX CURIEUX,

*Dont l'inſtinct & l'induſtrie excitent l'admiration des hommes, comme les ÉLÈPHANS, les CASTORS, &c.*

## A PARIS;

Chez DUCHESNE, Libraire, rue Saint Jacques, au-deſſous de la Fontaine Saint Benoît, au Temple du Goût.

## M. DCC. LII.

*Avec Approbation & Privilége du Roi.*

# AVERTISSEMENT.

*T*OUT ce qui amuſe in-
nocemment les hommes
peut leur être préſenté pour
ſujet de lecture dans les momens où l'eſprit cherche à ſe
délaſſer. La matiere qui com-
poſe ce Recueil eſt de ce genre.
On a raſſemblé dans un fort
court eſpace tout ce qu'il y a
de plus curieux à ſçavoir touchant les Animaux dont l'inſtinct nous cauſe une eſpece de
raviſſement & d'admiration.

iv · AVERTISSEMENT.
*Les Singes entr'autres font devenus depuis quelque tems affez communs en France. L'étendue & l'accroiffement de notre commerce nous ont procuré cette forte de denrée qui nous plaît, de cela feul qu'elle nous amufe. Il n'y a guere de Ville où l'on n'en voye quelqu'un ; on en rencontre à Paris chez un affez grand nombre de Particuliers, & les Charlatans dont fourmille le Quay de la Mégifferie en régalent libéralement le Peuple.*

*Cependant on a beau voir fréquemment ces fortes d'Ani-*

maux, les gens les plus sé-
rieux se plaisent à les considérer, & font les premiers à
dérider leur front en voyant
leurs tours de toute espece,
& ce qu'on appelle leurs
Singeries. C'est ce qui a donné lieu de penser qu'une Histoire des Singes seroit capable d'amuser quelques heures, & peut-être plus agréablement que l'Histoire des
Chats dont le regne n'a pas
été ni fort long ni fort tranquille. Le mérite de la nou-
veauté & le fonds des choses,
telles, par exemple, que les

Contes qu'on y rapporte de l'adreſſe de ces Animaux ont pu donner cette confiance à l'Auteur.

Quoi qu'il en ſoit, il faut avouer néanmoins que c'eſt un agrément limité à un fort petit eſpace de tems que de voir un Singe tranſporté en France, iſolé dans les lieux où on le retient, & ſéparé de tous ceux de ſon eſpece. Il ſeroit ſans doute bien plus agréable de voir ces Animaux ſur leur propre foyer, dans les terres où leur eſpece ſe multiplie ; en un mot, dans leur Pays natal ; de considérer quelle est leur maniere de vivre, leur subtilité à voler les grains, les fruits, & tout ce dont ils font leur nourriture ; l'ordre & la discipline qu'ils obser-vent dans leur pillage ; enfin la forme de toute leur petite République, si l'on peut par-ler ainsi. C'est une satisfaction que les Voyageurs se sont pro-curée, lorsqu'ils ont parcouru les défers de l'Afrique & de l'Amérique, où ces Animaux y multiplient si fort, qu'ils y forment un Peuple nombreux, quoique varié par ses différen-

les especes, & par ses habitations. Mais comme la plûpart
des hommes ne sont pas desti-
nés à faire des voyages si loin-
tains, on a cru pouvoir les dé-
dommager en quelque maniere de ce qu'ils ne peuvent voir
de leurs yeux, en rassemblant
sous un même point de vûe
tout ce que les Voyageurs ont
dit de plus curieux touchant
ces Animaux, c'est-à-dire,
leurs diverses especes, leur
maniere de vivre, leur adresse surprenante ; en un mot,
tout ce que constitue la singula-
rité de leur nature. Toutes ces

choſes ne pouvoient fournir à la vérité une matiere d'une juſte étendue pour un Volume ordinaire ; ainſi on y a ajouté pour la même ſatisfaction du Lecteur l'Hiſtoire des Eléphans , des Caſtors : & quoique ces ſortes d'Animaux , par leur figure & leur inſtinct n'offrent point à l'eſprit une matiere auſſi gaye & auſſi riante que celle des Singes ; on peut dire néanmoins que les différens traits qui caractériſent leur induſtrie, & leur ſorte de génie, nous laiſſent ébahis, pour ainſi dire, tant ils nous causent d'étonnement & d'admiration, & nous forcent à respecter intérieurement cette puissance sans bornes de l'Auteur de la Nature, qui se multiplie à nos yeux de tant de manieres, & surtout par l'industrie qu'il a donnée aux Aniaux dont ce petit Recueil compose l'Histoire.

# HISTOIRE
## *DES SINGES,*

ET AUTRES ANIMAUX CURIEUX,

*Dont l'inſtinct & l'induſtrie excitent l'admiration des hommes, comme les* ÉLÉPHANS, *les* CASTORS, *&c.*

## CHAPITRE PREMIER.

*Des diverſes eſpeces de Singes, & de leur adreſſe.*

SUR la Côté d'Or, ou Pays des Noirs, on trouve beaucoup de Singes & Marmots. Il y en a qui ont la tête noire, la barbe blanche, la peau mouchetée,

A vj

le dos marqué de grosses rayes noires, & la queue toute noire; il y en
a d'autres qui ont le nez blanc. Les
Negres tendent sur les arbres des
piéges à ces Singes, dans lesquels
ils donnent lorsqu'ils y montent,
ou qu'ils en descendent. Dans les
déserts qui sont proche du Zahara,
il y a quantité de Singes qui se tiennent dans les endroits où il y a
des arbres & des marais; ils ont
beaucoup de malice, & de disposi-
tion à imiter ce qu'ils voyent faire.
On y en voit de plusieurs especes.
Ceux qu'on appelle *Gatos-Paules* &
*Guenons*, ressemblent le plus à l'homme que ceux qu'on appelle *Segouins*:
les Gatos-Paules sont ainsi appellés par les Espagnols & par les Portugais à cause qu'ils ont le poil de la
couleur d'un chat sauvage: ils ont de
longues queues, & le museau blanc.
Les Guenons que les Afriquains appellent *Babouins*, ont beaucoup plus
d'esprit & de malice que les Se-

gouins qui font fort communs en
Bréfil.

Les Singes fe nourriffent d'herbe, de grains, de fruits : ils vont
au fourage avec adreffe & précaution ; ils ne vont prefque jamais au
pillage que par troupes & qu'après
que quelques.uns ont grimpé fur les
arbres, ou des hauteurs pour y faire fentinelle, par un effet de leur
inftinct. Lorfqu'ils découvrent quelqu'un, ils crient & fautent en mê-
me-tems pour obliger les foura-
geurs à prendre la fuite à leur
exemple. Ils font plus de dégât par
ce qu'ils diffipent, que par ce qu'ils
mangent ou emportent : ces Animaux font fujets au cours. de la
Lune. Quand elle eft fur la fin de
fon cours, ils font triftes. Leur
activité naturelle fe rallentit ; mais
lorfqu'elle eft nouvelle, & qu'elle entre dans fon premier Quartier, leur ardeur fe réveille, & ils
ne font que fauter. La chaffe en eft

plaifante : on fe fert du penchant
qu'ils ont à vouloir tout contrefaire ; les Chaffeurs ont des bas faits
exprès qu'ils font femblant de mettre aux jambes, & de les en ôter en
leur préfence : enfuite ils fe retirent
& laiffent les bas en des endroits
fort expofés ; les Singes ne manquent pas de fe venir chauffer, &
alors les Chaffeurs voyant que les
bas les empêchent de fe fauver, les
furprennent aifément. On fe fert encore de cette rufe ; on fait femblant
de fe laver les yeux au bord de l'eau
en leur préfence, pour obliger les
Singes de faire de même, ce qui
réuffit heureufement. Car ces Animaux ne fe font pas plutôt lavés les
yeux qu'ils ont la vûe trouble, &
font ainfi à la difcrétion des Chaffeurs.

Le long de la Côte de Sierra Liona, il y a plufieurs Ifles, où l'on
trouve des Singes d'une certaine efpece qu'on nomme *Baris* ; on les

prend étant fort petits ; on les éle-
ve, & on les apprivoise si bien qu'ils
rendent presqu'autant de service
qu'un Esclave : car ils marchent ordinairement tout droits comme des
hommes, pilent du millet dans un
mortier, vont puiser de l'eau dans
une cruche, témoignent de la douleur par leurs cris, lorsqu'elle vient à
tomber, savent tourner la broche,
& faire mille petits tours qui di-
vertissent extrémement leurs maîtres. *

C'est une chose admirable de les
voir fuir : car les femelles portent
sur leurs dos quatre ou cinq de leurs
petits, & ne laissent pas avec cela
de faire de grands sauts de branche
en branche.

*La Croix, Voy. d'Affrique. Marmot.

CHAPITRE II.

*Histoires plaisantes au sujet de ces Animaux.*

A L'occasion des Singes, voici ce que raconte le P. Labat, dans ses Voyages aux Isles de l'Amérique.

Dans l'Isle de Saint Cristophe, nous eûmes un divertissement auquel je ne m'attendois pas, ce fut d'aller voir la chasse des Singes. On plantoit des cannes dans une terre qui étoit un des repaires de ces Animaux ; nous fûmes nous embusquer environ une heure avant le coucher du Soleil. Nous n'y demeurâmes pas fort longtems que nous eûmes le plaisir de voir sortir des brossailles un gros Singe, qui après avoir regardé exactement de tous côtés,

grimpa fur un arbre , d'où il confi-
déra encore tous les environs : à la
fin il fit un cri auquel plus de cent
voix différentes répondirent dans le
moment ; & incontinent après, nous
vîmes arriver une grande troupe de
Singes de différentes grandeurs, qui
entrerent en gambadant dans cette
piéce de cannes, & commencerent
à les arracher & à s'en charger.
Quelques-uns en prenoient quatre
ou cinq morceaux qu'ils mettoient
fur une épaule, & fe retiroient en
fautant fur les deux pieds de derriere ; les autres en prenoient un à leur
gueule, & s'en alloient en faifant
mille gambades. Nous tirâmes
quand nous eûmes affez confidéré
leur manege ; nous en tuâmes quatre, entre lefquels il y avoit une femelle qui avoit fon petit fur fon dos
qui ne la quitta point ; il la tenoit
embraffée à peu près comme les petits Negres tiennent leurs meres.
Nous le prîmes, on l'éleva , & il de-

vint le plus joli Animal qu'on pût souhaiter.

A propos de ce petit Singe, il arriva une avanture au P. Cabaſſon, qui mérite d'être miſe ici. Il avoit élevé ce petit Animal, qui s'affectionna tellement à lui qu'il ne le quitta jamais ; de ſorte qu'il falloit l'enfermer avec ſoin toutes les fois que le Pere alloit à l'Egliſe ; car il n'avoit point de chaîne pour l'attacher. Il s'échappa une fois, & s'étant allé cacher au - deſſus de la Chaire du Prédicateur, il ne ſe montra que quand ſon Maître commença à prêcher; pour lors il s'aſſit ſur le bord, & regardant les geſtes que faiſoit le Prédicateur, il les imitoit dans le moment avec des grimaces & des poſtures qui faiſoient rire tout le monde. Le P. Cabaſſon qui ne ſavoit pas le ſujet de ces riſées, reprit dabord ſes Auditeurs avec aſſez de douceur ; mais voyant que les éclats de rire augmentoient au lieu de di-

minuer, il entra dans une sainte colere, & commença d'invectiver d'u-
ne maniere très-vive contre le peu
de respect qu'ils avoient pour la parole de Dieu. Ses mouvemens plus
violens qu'à l'ordinaire firent aug-
menter ses grimaces, & les postures de son Singe, & le rire de l'As-
semblée. A la fin quelqu'un avertit
le Prédicateur de regarder au-des-
sus de sa tête ce qui s'y passoit ; il
n'eut pas plutôt apperçu le manege
de son Singe, qu'il ne put s'empêcher de rire comme les autres ; &
comme il n'y avoit pas moyen de
prendre cet Animal, il aima mieux
abandonner le reste de son discours,
n'étant plus lui-même en état de le
continuer , ni les Auditeurs de l'é-
couter.

# CHAPITRE III.

## *Malice des Singes.*

LE même Religieux dans son Voyage de l'Afrique Occidentale dit que le long de la riviere de Senega, dans l'Isle de Bilbas; on voit une très-grande quantité de Singes. Les Negres les haïssent mortellement, à cause des grands dommages qu'ils font dans leur terres ; car quand ils entrent dans un champ de ris , de mil, ou de pois , ils en emportent tant qu'ils peuvent , & en gâtent dix fois davantage. Ils découvrent les cases des Negres, quand ils n'y voyent personne, brisent toutes les callebasses & les pots qu'ils y trouvent, & emportent tout ce qui leur tombe sous la patte. Cela a souvent donné occasion à ces Peuples

d'attraper des Rats, & de les apporter aux Comptoirs des Européens
pour les vendre, croyant que ceux-ci
les achetteroient auffi-bien que les
Singes, puifque les uns & les autres
n'ont d'autre propriété que celle de
faire du mal. Ceux qui vont fouvent
à la chaffe des Singes obfervent de
ne les tirer jamais que dans le vifa-
ge; les bleffures qu'ils reçoivent en
cet endroit, les font tomber infail-
liblement, parce qu'y portant d'a-
bord leurs pattes, le mouvement
les empêche de fe faifir de quelque
branche, & de s'y attacher, de maniere qu'on ne peut même les avoir
qu'après qu'ils font expirés. Il arrive
encore affez fouvent qu'étant blef-
fés,& tombant de branche en branche, ils entortillent leur queue autour de quelqu'une qui s'y roidit de
telle forte qu'ils y demeurent fufpendus après qu'ils font morts.

Les François qui font au Séné-
gal font plus délicats que nos Ii-

buſtiers & autres Européens, qui
demeurent à l'Amérique dans des
endroits où il y a de ces Animaux :
car ils les mangent & les trouvent
bons , & aſſurément quand ils ſont
gras ou jeunes, c'eſt une viande tendre & délicate ; mais ceux qui ſont
aux côtes d'Afrique , ont trop d'autres viandes pour s'arrêter à celle-
là. Les Negres s'en accommodent
à leur place , les mangent, les trouvent excellens , & s'en nourriſ-
ſant , ils ont le plaiſir de ſe venger
des dommages qu'ils en ont reçus.
Ils eſt étonnant de voir dans cette
contrée combien il y a de différentes eſpeces de Singes. Chaque canton en produit qui ſont fort différens de leurs voiſins. Ces diverſes
eſpeces ne ſe mêlent point les unes
avec les autres, & dans un même
canton , on n'en trouve jamais de
deux ſortes.

# CHAPITRE IV.

## *Des Singes blancs.*

AU Royaume de Galam dans le Pays de Bambouc, on voit des Singes blancs, & d'un aussi beau blanc que les Lapins les plus blancs que l'on voye en France ; ils ont les yeux rouges, & sans leur queue & leurs oreilles il seroit difficile de ne pas s'y tromper. Ils sont comme les autres Singes fort doux & fort dociles dans leur jeunesse, l'âge développe leur naturel malin, & en ce point ils ne le cedent à pas une des autres especes, de quelque couleur qu'elle puisse être. Soit par amour pour leur patrie, soit pour quelque autre raison qu'on n'a pas encore pénétrer, on n'a pu jusqu'à présent en apporter en vie, seulement juſqu'au Fort Saint Louis. Ils ſont ſi délicats ou ſi attachés à leur Pays, qu'ils ne veulent plus manger, & ſe laiſſent mourir dès qu'ils en ſont dehors. On ne peut pas dire que ce ſoit la perte de leur liberté qui leur cauſe la mort ; car ils s'embarraſſent peu d'être enchaînés dans leur Pays : ils y vivent & mangent à merveille ; mais ils n'en veulent pas ſortir. C'eſt là ſans doute la cauſe de leur mort ; & c'eſt bien dommage, car ce ſont les plus jolis Animaux du monde, & à leur malice près, rien n'eſt plus agréable, ni plus divertiſſant.

# CHAPITRE V.

## *Des Singes Roux.*

DANS le même Royaume, il y a une eſpece de Singes d'un roux ſi ardent qu'il approche du vrai

qu'ils

rouge, de sorte qu'il semble qu'ils soient peints de cette couleur. Ils sont gros & un peu lourds. Les Négres les appellent *Patas*. Je ne crois pas, dit le P. Labat, qu'il y en ait au monde de plus réjouissans. Ils descendoient les uns après les autres du sommet des arbres où ils étoient, & venoient file à file jusqu'au bout des branches les plus voisines des bâtimens, & quand ils avoient considéré les hommes qui y étoient, ils se mettoient tous à crier, & à faire des sauts, des gambades, & des postures les plus plaisantes. Ils s'en retournoient après cet exercice, pour faire place à d'autres qui venoient à leur tour considérer les barques & ce qui étoit dedans. A la fin, il y en eut quelques-uns assez familiers pour jetter dans les bâtimens de petits morceaux de bois sec; on répondit à leur jeu par quelque coups de fusils, qui en tuerent & en blesserent plusieurs, & aussi-tôt

B

la guerre fut déclarée. Ils se mirent
tous à crier d'une maniere extraordinaire, & à jetter dans les barques
des branches seches, & même des
pierres qu'ils prenoient la peine de
venir ramasser à terre. D'autres se
contentoient de faire des grimaces,
& d'autres faisoient leurs ordures
dans leurs pattes, & les jettoient sur
les gens qui étoient dans les bâtimens. A la fin pourtant ils se retirerent, parce que les coups de fusil
en abbatirent tant, qu'ils virent bien
que la partie n'étoit pas égale.

# CHAPITRE VI.

### *Des gros Singes.*

LE long de la riviere de Sierra
Liona, & du côté de la Baye
appellée de la France, les Singes y
font en si grand nombre qu'ils par-

courent le Pays en troupe , & portent le ravage dans toutes les Plantations. On y en diſtingue trois fortes. Les uns nommés *Barrys* , d'une
taille très-grande, qu'on accoutume
dans leur jeuneſſe à marcher droits,
& qui ſe forment par degrés à broyer
les grains, à puiſer de l'eau dans des
callebaſſes , à l'apporter ſur la tête ,
& à tourner la broche pour rôtir
les viandes. Ces Animaux aiment ſi
paſſionnément les huîtres , que dans
les baſſes marées , ils s'approchent
du rivage entre les rocs , & lorſqu'ils
voyent les huîtres ouvertes à la chaleur du Soleil , ils mettent dans l'é-
caille une petite pierre qui l'empêche de ſe fermer , & l'avalent ainſi
facilement. Quelquefois il arrive
que la pierre gliſſe, & que le Singe
ſe trouve pris comme dans une tra-
pe, alors ils n'échapent guère aux
Négres qui les tuent , & qui les
mangent. *Voy. de Barbot. Hiſt. Gén.*
*des Voy. t. 3.*

B ij

Un autre Voyageur (*Atkins*) dit qu'en cette même contrée les Habitans pour garantir leurs Plantations des ravages des Singes sont obligés de faire constamment la garde, & d'employer le poison, les trappes, & les armes. Lorsqu'un Européen rapporte de la chasse cinq ou six Singes qu'il a tués, il est reçu des Négres comme en triomphe. D'un autre côté les Singes s'appercoivent fort bien des piéges qu'on leur tend, & ne donnent pas deux fois dans le même. Ils ne connoissent pas moins leurs Ennemis. S'ils voyent un Singe de leur troupe blessé d'un coup de fléche, il s'empressent de le secourir. Si la fléche est barbue, ce qu'ils distinguent fort bien à la difficulté qu'ils trouvent à la tirer, ils en brisent le bois pour donner du moins à leur compagnon la facilité de fuir. Si un autre est blessé d'un coup de balle, ils reconnoissent la playe au sang qui

coule, & mâchent des feuilles pour
la panser. Les Chaffeurs qui tom-
beroient entre leurs mains cour-
roient grand rifque d'avoir la tête
caffée à coups de pierre, ou d'être
déchirés en piéces. *Ibid.*

# CHAPITRE VII.

## *Des petits Singes.*

DANS le petit Royaume d'Iffini,
fur la Côte d'Or, les Singes
font en auffi grande abondance que
dans aucune autre, & auffi divers
dans leur grandeur que dans leur figure. La plus jolie efpece eft de
ceux qu'on nomme Sagouins. Ils
ne font pas plus gros que le poing.
Les uns ont le dos noir & le ventre
blanc avec de longues barbes. D'autres font gris fans aucun poil au vi-
fage, ni aux mains, & de la groffeur d'un chien médiocre. D'autres

ſont d'une groſſeur extraordinaire, furieux & capables de ſe défendre contre les Negres, lorſqu'ils en ſont attaqués. Les Iſſinois les appellent des hommes ſauvages, & préten-dent que la crainte du travail eſt la ſeule raiſon qui les empêche de par-ler. Ces étranges Animaux ſe bâ-tiſſent des cabannes dans les bois & s'aſſemblent en troupes pour rava-ger les champs des Negres. Au mois de Janvier 1702, le Matelot du Fort qui étoit en même tems le chaſ-ſeur de la Garniſon, bleſſa un de ces gros Singes, & le prit; le reſte de la troupe quoiqu'effrayée par le bruit d'une arme à feu, entreprit de venger le priſonnier non ſeulement par ſes cris, mais en lui jettant de la boue & des pierres en ſi grand nombre qu'il fut obligé de tirer plu-ſieurs coups pour les écarter. Enfin il amena au Fort le Singe bleſſé & lié d'une corde très-forte. Pendant quinze jours il fut intraitable, mor-

dant, criant, & donnant des marques continuelles de rage. On ne
manquoit pas de le châtier à coups
de bâton, & de lui diminuer chaque fois quelque chose de sa nourriture. Cette conduite l'adoucit par
degrés, jusqu'à le rendre capable de
faire la révérence, de baiser la main,
& de réjouir toute la Garnison par
ses souplesses & son badinage. Dans
l'espace de deux ou trois mois, il
devint si familier, qu'on lui accorda
la liberté, & jamais il ne marqua la
moindre envie de quitter le Fort.
*Voy. de Loyer T. 3. Hist. Gén. des
Voy.*

# CHAPITRE VIII.

*Diverses especes de Singes grands &
petits.*

L'ABONDANCE des Singes sur la
Côte d'Or est incroyable. Smith
assure qu'on en distingue plus de

cinquante fortes, trop capables de caufer une infinité de défordres. Les uns ont la barbe blanche & le corps mouchété, le poil du ventre blanc, une raie brune fur le dos, les pieds blancs & la queue blanche. Cependant tous les Singes du pays peuvent être réduits à deux efpeces, la premiere de ceux que leur férocité rend incapable de s'apprivoifer. Cette efpece multiplie prodigieufement : ils font en fi grand nombre que dans plufieurs cantons, les Negres font obligés de faire la garde pour fe défendre de leurs attaques. En général tous les Singes font malins & fort portés à l'imitation de tout ce qui fe préfente devant leurs yeux. Ils font paffionnés pour leurs petits. Jamais on ne les voit tranquilles.

Ceux que les Hollandois appellent Smitten font d'une prodigieufe grandeur. Bofman en a vu de cinq pieds de long, c'eft-à-dire

d'auffi grands qu'un homme; leur lai-
deur, leur hardieffe, leur méchan-
ceté font incroyables. Un Facteur
Anglois affura Bofman que derriere
le Fort de Wimba une troupe de
Singes fe faifit un jour de deux efclaves de la Compagnie, & leur auroit
crevé les yeux avec des bâtons qu'ils
préparoient dejà, fi d'autres Efclaves
n'étoient venus à leur fecours. Leur
couleur eft un fouris pâle.

La troifiéme forte de Singes eft
d'une beauté finguliere & ils ne
font pas à beaucoup près fi grands
que les autres. Leur poil eft noir &
de la longueur du doigt, ils ont la
barbe blanche & fi longue qu'ils en
ont tiré le nom de petits hommes
barbus ou de *Monkeis*, mot Anglois
qui fignifie petits Moines. Il y en a
encore de deux autres fortes qui
font de la même beauté, mais petits, le poil court & mêlé de gris,
de noir, de blanc & de rouge, la
plûpart ont la poitrine & la barbe
blanche.                                  B v

De la plus petite efpéce on en compte plufieurs fortes fort belles, mais fi délicates qu'il eft impoffible de les tranfporter en Europe.

Tous ces Singes font naturellement voleurs. Bofman a vu plufieurs fois avec quelle fubtilité ils dérobent le millet. Ils en prennent deux ou trois tiges dans chaque main, autant fous les bras, deux ou trois dans la bouche & marchant fur les pieds, ils s'enfuyent avec leur fardeau. S'ils font pourfuivis, ils ne gardent pas ce qu'ils ont dans la bouche & laiffent tomber le refte pour fe fauver plus legérement. En prenant les tiges, ils éxaminent foigneufement l'épi, & s'ils n'en font pas fatisfaits ils le jettent pour en choifir un autre. Le prodigieux nombre de Singes qui habitent la Côte d'Or rend les voyages fort dangereux par terre, ils attaquent un paffant lorfqu'ils le voyent feul & le forcent à fe refugier dans l'eau, qu'ils craignent beaucoup. L'Auteur aſſure avoir vu pluſieurs exemples de la paſſion de ces Animaux pour les Femmes. L'eſpece de Singe qui reſſemble parfaitement à l'eſpece humaine confirme aſſez la croyance où les voyageurs ſont que dans certains cantons les Negres ſe livrent aux plus grands déſordres avec les Singes. Les habitans de Scherbro appellent cette ſorte de Singes *Boggo* & les blancs *Mandril.* Smith en fait la deſcription : il a véritablement la figure humaine dans toute ſa grandeur, on le prendroit pour un homme de la taille moyenne; ſes jambes, ſes pieds, ſes bras, ſont d'une juſte proportion ; ſa tête eſt fort groſſe, ſon viſage plat & large ſans autre poil qu'aux ſourcils, il a le nez fort petit, les levres minces, la bouche grande, la peau du viſage blanche, mais extremement ridée, ſes dents ſont larges & fort jaunes, ſes

B vj

mains blanches & unies, quoique le reste du corps soit couvert d'un poil aussi long que celui de l'Ours. S'il ressent quelque mouvement de colere ou de douleur, il crie comme les enfans. On prétend que les mâles de cette espece se saisissent des femmes lorsqu'ils les trouvent à l'écart, & que leur passion les porte aux dernieres violences. *T. 4. Hist. des Voy.*

# CHAPITRE IX.

*Des Singes approchant le plus de l'espece humaine, & appellés par quelques-uns, hommes sauvages.*

ON trouve dans le Royaume de Congo beaucoup de ces grands Animaux qui tiennent comme le milieu entre l'espece humaine & les babouins qui sont les plus grands Singes. Battel raconte que dans les forets de Mayomba au Royaume de Loango, on voit deux sortes de monſtres dont les plus grands ſe nomment *Pongos* & les autres Enjokos. Ce ſont des eſpeces de grands Singes. Les premiers ont une reſſemblance éxacte avec l'homme ; mais ils ſont beaucoup plus gros & de fort haute taille : avec un viſage humain ils ont les yeux fort enfoncés, leurs mains, leurs joues, leurs oreilles ſans poil, à l'exception des ſourcils qu'ils ont fort longs, le reſte du corps eſt vélu ; mais le poil n'en eſt pas fort épais & ſa couleur eſt brune : la ſeule partie qui les diſtingue des hommes eſt la jambe qu'ils ont ſans mollet. Ils marchent droits en ſe tenant de la main le poil du cou : leur retraite eſt dans les bois, ils dorment ſur les arbres & s'y font un eſpece de toit qui les met à couvert de la pluye, leurs alimens ſont des fruits ou des noix ſauvages. Ils marchent quelquefois en troupes, & tuent les Negres qui traverſent les fôrets, ils tombent même ſur lesEléphans qui viennent paître dans les lieux qu'ils habitent, & les incommodent fi fort à coup de bâtons qu'ils les forcent de prendre la fuite en pouffant des cris. On ne prend jamais de *Pongos* en vie, parce qu'ils font fi robuftes que dix hommes ne fuffiroient pas pour les arrêter : mais les Negres en prennent quantité de jeunes après avoir tué la mere, au corps de laquelle ils s'attachent fortement, lorfqu'un de ces Animaux meurt: les autres couvrent fon corps d'un amas de branches & de feuillages. On a obfervé qu'ils ne font aucun mal aux hommes qu'ils furprennent, du moins lorfque ceux-ci ne les regardent point, comme un petit Negre qu'ils avoient retenu pendant quelque tems dans leur focieté, l'avoit obfervé. Battel ne nous dit pas quelle eft la feconde efpece de monftre dans ce genre.

Dapper rapporte que le Royaume de Congo eft plein de ces Animaux qui portent aux Indes le nom d'Orangoutang, c'est-à-dire, habitans des bois. Cette bête, dit-il, est si semblable à l'homme qu'il est tombé dans l'esprit à quelques voyageurs, qu'elle pouvoit être sortie d'une Femme & d'un Singe. Un de ces Animaux fut transporté de Congo en Hollande & présenté au Prince d'Orange Fréderic - Henri. Il étoit de la hauteur d'un enfant de trois ans & d'un embonpoint médiocre, mais quarré & bien proportionné, fort agile & fort vif : les jambes charnues & robustes : tout le devant du corps nud ; mais le derriere couvert de poil noir. A la premiere vue son visage ressembloit à celui d'un homme ; mais il avoit le nez plat & recourbé ; ses oreilles étoient aussi de celles de l'espece humaine, son sein, car c'étoit une femme, étoit potelé, son nombril enfoncé, ses épaules fort bien jointes, ses mains divisées en doigts &

en pouce, ſes mollets & ſes talons gros & charnus. Il étoit capable de lever & de porter des fardeaux aſſez lourds. Lorſqu'il vouloit boire, il levoit d'une main le couvercle du pot & tenoit le fond de l'autre, enſuite il s'eſſuyoit proprement les levres. Il ſe couchoit pour dormir, la tête ſur un couſſin & ſe couvroit avec tant d'adreſſe qu'on l'auroit pris pour un homme au lit. Les Negres font d'étranges récits de cet Animal, ils aſſurent non-ſeulement qu'il force les femmes & les filles; mais qu'il oſe attaquer des hommes armés. En un mot il y a beaucoup d'apparence que c'eſt-là le Satire des Anciens. C'eſt ſans doute de ces ſortes d'Animaux dont parle Merolla, lorſqu'il dit que les Negres prennent quelquefois dans leurs chaſſes des hommes & des femmes ſauvages. *Hiſt. Gén. des Voy. T. 5.*

## CHAPITRE X.

*De l'adresse des Singes , & de leur attachement les uns pour les autres.*

L'Ambassadeur du Czar étant à Pekim, il vint plusieurs Charlatans avec des Singes ausquels on avoit appris des tours fort étranges, & qu'on leur fit faire en présence de l'Ambassadeur. On remplissoit un panier d'habits de toute sorte de couleurs, un Singe les tîroit successivement & s'en revêtoit au simple commandement de son maître sans se tromper jamais sur le choix de la couleur qui lui étoit ordonnée & conformant ses grimaces à l'habit qu'on lui faisoit choisir, ensuite il dansoit à terre ou sur la corde avec des sauts fort réjouissans. *Hist. Gén. des Voy. T. 5.*

L'avanture qui arriva aux troupes d'Alexandre à l'occasion de ces Animaux est singuliere. Comme elles marchoient toujours en bon ordre, elles se trouverent dans des montagnes où il y avoit beaucoup de Singes & l'on y campa la nuit suivante. Le lendemain quand l'Armée se mit en marche, elle apperçut à quelque distance une quantité prodigieuse de Singes qui s'étoient assemblés & rangés par escadrons. Les Macédoniens qui ne pouvoient rien soupçonner de pareil crurent que c'étoit l'ennemi : on sonna la Bataille, chacun se mit en marche & se disposa au combat : mais Taxile Prince du pays qui s'étoit dejà rendu à Alexandre, lui dit ce que c'étoit que cette Armée prétendue & qu'il lui suffisoit d'avancer pour la mettre en fuite.

Leur attachement les uns pour les autres est peut-être sans exemple dans le reste des Animaux : on en peut juger par ce trait singulier que rapporte le Baron Tavernier. Revenant d'Agra avec le Chef ou Préſident des Anglois qui retournoit à Surate, nous paſſâmes, dit-il, à 4 ou 5 lieues d'Amenadab qu'on appelle *Mangues*, nous y vîmes dans une petite fôret de ces arbres quantité de gros Singes mâles & femelles & pluſieurs de celles-ci tenoient leurs petits entre leurs bras. Nous avions chacun notre caroſſe & le Préſident Anglois fit arrêter le ſien pour me dire qu'il avoit une excellente & curieuſe Arquebuſe & ſachant que je tirois bien, il me pria de l'éprouver ſur un de ces Singes. Un de mes valets qui étoit du pays m'ayant fait ſigne de ne m'y pas hazarder, je tachai de diſſuader le Préſident de ſon deſſein. Mais malgré tout ce que je pus lui dire, il tua d'un coup d'Arquebuſe une femelle de Singe qui demeura étendue entre les branches laiſſant tomber ſes petits à terre. Je vis auſſi-tôt arriver ce que mon valet avoit prévû. Tous les Singes qui étoient fur les arbres au nombre de plus de foixante, defcendirent incontinent en furie & fe jetterent fur le caroffe du Préfident qu'ils auroient étranglé fans le prompt fecours qu'on y apporta en fermant les portieres, & en mettant tous nos domeftiques pour les chaffer. Quoiqu'ils ne vinffent point à moi, je ne laiffois pas de craindre la fureur de ces Animaux qui étoient gros & puiffans, & ils pourfuivirent le caroffe du Préfident près d'une lieue, tant ils étoient irrités.

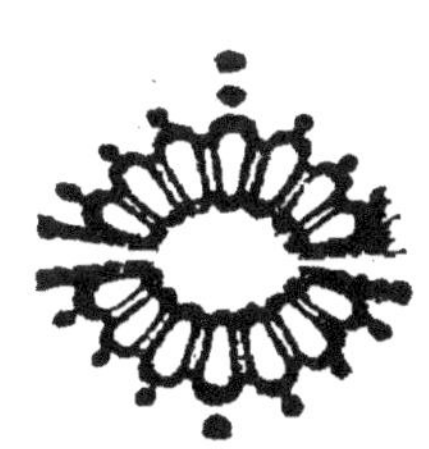

# CHAPITRE XI.

*Des Babouins, espece particuliere de
Singes, de leur malice, & de leur
adresse quand ils vont au pillage.*

IL y a encore une espece de Singe appellé Babouin qui se trouve
en grande quantité au Cap de Bonne-Espérance ; c'est l'Animal que
les Latins appellent *Cercopithecus.*
Les Babouins sont plus gros que le
Singe ordinaire, leur tête ressemble
assez à celle d'un chien ; mais leurs
traits sont laids. Ils ont le devant du
corps fort approchant du corps humain. Leurs dents sont fort grosses
& bien tranchantes, leurs pates sont
armées d'ongles & de griffes : celles de devant sont fort semblables à des mains & celles de derriere à des pieds ; tout leur corps est
couvert de poil, excepté les fesses

qui n'en ont abfolument point, auffi font-elles fi pleines de cicatri- ces & d'égratignures qu'il femble n'y avoir pas même de peau. Ces Animaux font d'une grande laf- civeté. Les mammelles pendent à leurs femelles fur la poitrine entre les jambes de devant. Lorfqu'ils fe voyent dans quelque grande détref- fe, comme lorfqu'ils font vivement preffés par les chiens ou qu'on les bat, ils foupirent, gémiffent, crient & pleurent, comme des hommes épouvantés ou qui fouffriroient de grandes douleurs. Ces Animaux ai- ment paffionnément les raifins, les pommes & en général tous les fruits qui croiffent dans les jardins. De tems en tems ils y entrent & ils font affez fouvent mal reçus par les chiens, ou par les propriétaires qui les y at- trapent, mais fur-tout lorfqu'ils en- trent dans une vigne où les raifins font murs; ils fe rempliffent fi fort qu'on les attrape & qu'on les tue

aisément : leurs dents & leurs griffes les rendent redoutables aux
chiens, qui ne les vainquent qu'a-
vec peine, à moins que quelque ex-
cès de raisins ne les ait rendus roides
& engourdis. On ignore ce que ces
Animaux mangent outre ces fruits.
*Gesner* assure qu'ils ont l'adresse de
prendre du poisson, qui fait partie
de leur nourriture, & qu'ils attaquent & tuent les Elans, les Busles
dont ils mangent la chair. Ce qu'il
y a de certain, selon le témoignage
oculaire des voyageurs, c'est qu'ils
ne mangent ni poisson ni viande si
elle n'a été cuite & accommodée
de la maniere dont les hommes la
mangent & qu'ils avalent fort avi-
dement de la viande ou du poisson
bien apprêtés.

S'ils apperçoivent quelque Voyageur dans les champs qui pren-
ne son repas, il faut qu'il soit bien
attentif, pour qu'il ne lui enleve
pas quelque portion de ses provi-

fions, & lorfque le Singe a pu reuffir,
il fe moque pour ainfi dire du Voyageur qui s'eft laiffé attraper. Il court
à une certaine diftance & fe retournant tout à coup il s'affied fur fon
derriere, tient ce qu'il a volé dans
fes pattes de devant, & fait comme
s'il le tendoit à quelqu'un. C'eft
tout comme s'il vouloit dire au
Voyageur, qu'il n'a qu'à approcher
& qu'il lui rendra ce qu'il lui a pris.
En même tems il fait des grimaces
& des poftures fi ridicules que
l'homme le plus mélancolique ne
pourroit s'empêcher de rire. Ces
Animaux obfervent entre eux une
certaine difcipline & éxecutent tout
avec une adreffe, une fubtilité &
une prévoyance admirables. Quánd
ils pillent un verger, un jardin &
une vigne ils font pour l'ordinaire
ces expéditions en troupe, partie
entre dans l'enclos, tandis qu'une
autre partie refte fur le mur, ou paliffade en fentinelle, pour avertir

de

de l'approche de quelque danger.
Le reste de la troupe est placé au dehors du jardin à une distance médiocre les uns des autres, & forme
ainsi une ligne qui tient depuis l'endroit du pillage jusqu'à celui du
rendez-vous. Tout étant ainsi dis-
posé, les Babouins qui sont entrés
commencent le pillage, & jettent
à ceux qui sont sur le mur les mê-
lons, les pommes, les poires, &c. A
mesure qu'ils les cueillent, ceux qui
sont sur le mur jettent ces fruits à
ceux qui sont au bas & ainsi de suite tout le long de la ligne qui pour
l'ordinaire finit sur quelque montagne. Ils sont si adroits, si alertes, & ils
ont la vue si prompte & si juste, que
rarement ils laissent tomber ces
fruits à terre en se les jettant les uns
aux autres. Tout cela se fait dans un
profond silence & avec beaucoup
de promptitude. Lorsque les sentinelles apperçoivent quelqu'un approcher, elles poussent un cri : à ce

C

fignal toute la troupe s'enfuit avec
une viteffe étonnante. Les jeunes qui
ne font pas bien accoutumés au manege, montent fur le dos des plus
vieux, où ils fe tiennent d'une maniere fort plaifante. On croit qu'ils
puniffent de mort les fentinelles qui
n'ont pas bien fait leur devoir.

Cette idée n'eft pas fans fondement, puifque s'il arrive que quelqu'un de la troupe foit pris ou tué,
avant que la garde ait donné le fignal, on entend un bruit & un tin-
tamare furieux, dès qu'ils fe font
rétirés fur la montagne où eft le lieu
du rendez-vous, & affez fouvent on
en trouve qui ont été mis en piéces.
On fuppofe que ce font les fentinelles négligentes qui ont été punies.
Les Européens du Cap prennent
quelquefois de jeunes Singes qu'ils
élevent & nourriffent avec du lait
de chevre ou de brebis. Lorfque ces
Singes apprivoifés font devenus
grands, ils font une auffi bonne gar-

de dans la maiſon pendant la nuit
que le meilleur chien qu'il y ait en
Europe. *De Pierre Kolbe, deſcription
du Cap de Bonne-Eſpérance.*

# CHAPITRE XII.

*Tour ſingulier & ingénieux d'un Singe.*

PArmi les ſingularités qu'on trouve au Caire on voit dans les rues
une grande quantité de Singes, qui
ſont inſtruits à faire pluſieurs tours :
ils y ſont apportés par les Mores qui
viennent avec les Caravanes de la
Mecque & qui gagnent leur vie en
divertiſſant les Pélerins. Comme les
Mores ſont naturellement de grands
bouffons & qu'en cela leur naturel
ne s'accorde pas mal avec l'inſtinct
des Singes, cela donne bien du paſ-
ſe-tems aux Voyageurs. Si la choſe
en valoit la peine, on pourroit en
rapporter quelques - uns de mille

qui s'y font : mais je me contenterai d'inférer ici une avanture des plus plaisantes en ce genre. Un jour que nous étions à table chez le Consul Torelli, on vint à parler de l'adresse des Singes & des Faucons. Sur quoi le Truchement prit la parole, & dit qu'il connoissoit un Arabe qui avoit un Singe qui n'avoit pas son pareil pour l'habileté. Ce Singe lorsque son Maître sortoit, avoit accoutumé de se tenir dans la cuisine & de faire garde au coin du feu pour empêcher que les Faucons ne prissent quelque chose. Il y a au Caire de ces oiseaux en grande quantité & ils s'assemblent par troupes sur les maisons où ils sont toujours aux aguets pour tâcher d'attraper quelque morceau qui leur convienne, ce qu'ils font assez souvent, parce que les cheminées étant fort larges & peu élévées, il ne leur est pas difficile d'enlever quelque chose du foyer & de l'emporter. Il arriva donc un jour que l'Arabe après avoir mis au pot un morceau de viande sortit & fut fort longtems avant que de revenir, de sorte que le pot ayant trop bouilli la viande demeura toute découverte ; un Faucon qui étoit aux aguets sur le haut de la cheminée ayant apperçu cette viande, elle lui fit envie & il hazarda de l'enlever : il y réussit & étant descendu, il prit la viande & l'emporta par la cheminée. Le Singe qui se vit attrapé, se mit à regarder tristement en haut, & comme s'il eût raisonné en soi-même sur le mauvais traitement qne son Maître lui feroit à son retour pour s'être ainsi laissé dupper, il tâcha de l'éviter par quelque tour d'adresse : il raisonna donc à peu près de cette maniere ; sans doute que celui qui a fait le coup après qu'il aura mangé sa proye, réviendra voir s'il n'y a pas quelque chose à emporter, & comme il n'y avoit plus de feu, il se mit dans le pot, &

tournant en haut ſes feſſes pelées, il
ne douta pas que le Faucon ne les
prît pour un morceau de viande :
en effet cet oiſeau étant revenu &
regardant du haut de la cheminée
ne manqua de fondre ſur ce qu'il
voyoit dans le pot, & le Singe qui
le vit venir ſe tourna habilement,
ſaiſit le Faucon, lui coupa la tête
& le mit dans le pot. Le Maître
étant revenu, & ne trouvant plus ſon
dîner regarda le Singe avec colere ;
mais cet Animal ſe mettant à ſauter
tira le Faucon du pot, ſe mit dedans,
en la même poſture qu'il s'y étoit
mis la premiere fois, & montra par
pluſieurs geſtes qu'il fit, comment
le Faucon avoit dérobé la viande
& la maniere dont il l'avoit attrapé
& l'avoit mis dans le pot. On peut
aiſément juger par cet échantillon
combien les Singes peuvent fournir
de matieres à de ſemblables Contes.
*De Corneille le Bruyn.* **T. 2. *Voy.* en**
*Egypt.*

# CHAPITRE XIII.

*Autre espece singuliere de Singes fort plaisans.*

EN passant de la Chine à la Côte de Coromandel, je vis, dit le P. le Comte, une espece de Singe fort singulier., il marche naturellement sur ses deux pieds de derriere qu'il plie tant soit peu comme un chien à qui on a appris à danser. Il se sert comme nous de ses deux bras. Son visage est presque aussi formé que celui des Sauvages du Cap de Bonne-Espérance ; mais le corps est tout couvert d'une laine blanche, noire ou grise. Du reste, il a le cri parfaitement semblable à celui d'un enfant. Toute l'action extérieure si humaine & les passions si vives, & si marquées , que les muets ne peuvent guere mieux ex-

primer leurs fentimens & leurs vo-
lontés. Ils paroiffent fur tout d'un
naturel fort tendre, & pour témoigner leur affection aux perfonnes
qu'ils connoiffent, & qu'ils aiment,
ils les embraffent, & les baifent
avec des tranfports qui furprennent. Ils ont encore un mouvement qui ne fe trouve en aucune
bête, & qui eft fort propre à des
enfans, c'eft de trepigner de joye
ou de dépit quand on leur donne
ou quand on leur refufe ce qu'ils
fouhaitent avec beaucoup de paf-
fion. Quoiqu'ils foient fort grands,
car ceux que j'ai vûs avoient au
moins quatre pieds de haut, leur
légéreté & leur adreffe eft incroyable. C'eft un plaifir qui va jufqu'à
l'admiration que de les voir courir
dans les cordages d'un Vaiffeau où
ils jouent quelquefois, comme s'ils
s'étoient fait un art particulier de
voltiger comme nos Danfeurs de
corde. Tantôt fufpendus par un

bras, ils se balancent quelque tems avec nonchalance pour s'éprouver, & tournent ensuite avec rapidité au tour de la corde comme une roue, ou une fronde qu'on a mise en mouvement, tantôt prenant la corde successivement avec les doigts qu'ils ont très longs, & laissant tomber tout leur corps en l'air, ils courent de toute leur force d'un bout à l'autre, & reviennent avec la même vîtesse. Il n'est sorte de figure qu'ils ne prennent, ni de mouvement qu'ils ne se donnent, se courbant en arc, se roulant comme une boule, s'accrochant des mains, des pieds, & des dents, selon les différentes Singeries que leur bizarre imagination leur fournit, & qu'ils font de la maniere du monde la plus divertissante. Mais leur légéreté à s'élancer d'un cordage à un autre, à trente & cinquante pieds de distance paroit encore plus surprenante. Aussi pour en avoir plus souvent le plaisir,

C v

nous les faifions fuivre par cinq ou
fix petits mouffes-ou matelots for-
més à cette forte d'exercice & accoutumés eux mêmes à courir dans
les cordages. Alors nos Singes pour
les éviter faifoient des fauts fi prodigieux & gliffoient avec tant d'a-
dreffe le long des mats, des vergues,
& des plus petites manœuvres qu'ils
fembloient plûtôt voler que courir,
tant leur agilité furpaffoit tout ce
que nous remarquons dans les autres Animaux. *Mem. de la Chine t. 2.*

Une femme d'un Capitaine Ef-
pagnol, étant fur mer, ayant été
furprife en adultere par fon mari,
celui-ci pour fe venger d'une maniere toute finguliere les expofa
tous deux dans une Ifle déferte, où
l'homme mourut peu de tems après.
Or il arriva que cette femme étant
reftée feule & deftituée de tout fecours ; comme il y avoit des Singes
dans cette Ifle, un gros Singe ou
Marmot l'ayant rencontrée s'atta-

cha à sa compagnie, lui rendant toute sorte de services, de maniere que par force ou par adresse, il rendit cette femme enceinte, & elle accoucha de deux enfans. Mais au bout de trois ans, un Vaisseau passant par là trouva cette pauvre femme qui avoit plutôt l'apparence d'un fantôme que d'une créature humaine ; elle étoit presque toute nue, & d'une horrible maigreur ; elle conjura avec larmes les gens de cet Equipage de la tirer de cette cruelle captivité, ce qu'ils firent ; & comme ils s'embarquoient, le Singe qui n'avoit osé les approcher, & qui vit qu'elle s'en alloit, devint furieux, & s'étant jetté sur ses deux enfans, il les mit en piéces à la vue de cette femme & les lui jetta. Cette infortunée créature fut amenée à Lisbonne, où l'Inquisition ayant été avertie de l'avanture, la fit prendre, & mettre en prison ; mais le Cardinal Caëtan, pour lors Nonce du Pape, s'étant trouvé en cette Ville prit la défense de cette femme ; exposa la violence qui lui avoit été faite, & la nécessité où elle s'é-toit vue de souffrir l'accointance de cet Animal qui l'avoit nourrie de fruits sauvages pendant trois ans, & ce Cardinal la garantit aussi du supplice. Cette femme se mit dans un Monastere, où elle vécut sainte-ment le reste de ses jours. C'est de cette maniere que le Voyageur Vincent le Blanc assure que ce fait lui a été conté à lui-même, dans son Voyage des Indes.

Dans la Guinée, il y a, dit Vincent le Blanc dans ses Voyages, une espece de Singes qu'on appelle *Baris* ; ils sont gros & puissans : les habitans les prennent à la chasse avec des fausses trapes & autres machines, & mettent les petits en des cages pour avoir ensuite les pere & mere. Ils les traitent un peu rudement, & les font pleurer comme des enfans ; ils les font marcher à deux pattes, leur attachant celles de devant fur le coû avec un bâton, puis ils s'en fervent pour divers befoins, comme pour aller querir de l'eau dans une cruche, laver les écuelles, attifer le feu, aller tirer du vin, aller chercher de la viande à la boucherie ; enfin à toutes les néceffités de la maifon. A travers tout cela ils font toujours quelque friponnerie, pour le manger, ou pour le boire ; mais ils font bien étrillés. Quand ils tournent la broche, c'eft un plaifir de les voir fentir la fumée du rôt, & tourner leur tête pelée regardant d'un côté & d'autre fi on les apperçoit ; car il faut être bien fin pour les empêcher de fe regaler de quelque morceau de roti, comme il arriva à quelques Portugais, qui avoient convié certains Marchands ; car comme on voulut dîner on s'apperçut que le Singe qui tournoit la broche avoit dejà efcroqué avec beaucoup de

fubtilité les cuiffes d'un Coq d'Inde dont ils fauverent le refte. Le
Maître ne voulut pas alors le battre
par la néceffité où il étoit d'être fer-
vi promptement ; en effet le Singe
donna à boire à tout le monde, rin-
ça fort bien les verres, & lui-même
fur la fin fe mit à manger & à boire
à fon tour ; en un mot il réjouit
beaucoup les Convives par toutes
les plaifanteries qu'il fit. *Voyage de
Vincent le Blanc troifiéme partie.*

Dans le Mexique il y a un nombre infini de Singes & de Guenons
de toute forte & de diverfes grandeurs ; il y en a de petits comme
des rats & des fouris avec la barbe
blanche, qui imitent tout ce qu'ils
voyent faire & rendent mille fervi-
ces, ainfi que l'Auteur affure l'avoir
vu & de telle maniere qu'ils fembloient avoir quelque intelligence.

# DES ÉLÉPHANS.

## CHAPITRE PREMIER.

### *De la nature de l'Eléphant.*

L'ELÉPHANT est le plus gros de tous les Animaux terrestres. Sa tête est monstrueuse. Ses oreilles quoique longues, sont larges & épaisses ; ses yeux quoique fort grands paroissent d'une petitesse extrême dans cette masse énorme qui compose son tout. Son nez est si épais & si long qu'il touche à terre. On l'appelle *proboscide* ou *trompe.* Il est charnu, nerveux, creusé en forme de tuyau flexible, & d'une force si singuliere, qu'il lui sert à briser, ou à déraciner les petits arbres, à rompre les branches des plus gros, & à se frayer le passage dans les plus épaisses forêts. Il lui sert aussi à lever de terre sur son dos les plus lourds fardeaux. C'est par ce canal qu'il respire & qu'il reçoit les odeurs. Le nez de l'Eléphant va toujours en diminuant depuis la tête jusqu'à l'extrêmité ; où il se termine par un cartilage mobile, avec deux ouvertures qu'il ferme à son gré. Sans ce présent de la Nature il mourroit de faim, car il a le col si épais & si roide qu'il lui est impossible de le courber assez pour paître comme les autres Animaux, aussi périt-il bien-tôt lorsqu'il est privé de cet instrument par quelque blessure. Sa bouche est placée au dessous de sa trompe dans la plus basse partie de sa tête & semble jointe à sa poitrine. Sa langue est d'une petitesse qui n'a point de proportion avec la masse du corps. Il n'a dans les deux mâchoires que quatre dents pour broyer sa nourriture ; mais la nature l'a fourni pour sa défense de deux autres dents, qui sortent de la mâchoire supérieure, & qui font longues de plufieurs pieds. Il se sert furieusement de ces deux armes. Ce font les dents qui s'achetent, & qui font connues sous le nom d'yvoire. Leur groffeur est proportionnée à l'âge de l'Animal. La partie qui touche la mâchoire est creufe, le reste est folide & fe tourne en pointe. Un bon Eléphant contient plus de chair que quatre ou cinq bœufs. La mefure ordinaire de ceux d'Afrique, est de neuf ou dix pieds de long fur onze ou douze de haut. Quoique une taille pareille faffe juger qu'ils doivent être pefans dans leur marche & qu'ils ont peu de légereté à la courfe, ils marchent & courent fort légerement. Leur pas ordinaire égale celui de l'homme le plus agile. Leur courfe est beaucoup plus prompte ; mais il est rare de voir un Eléphant

courir avec un ventre pendant, un
dos courbé, des jambes fort épaiſſes,
& des pieds de 12 ou 15 pouces de
diametre, ils ne peuvent aimer beaucoup le mouvement. Leurs pieds
ſont couverts d'une peau dure &
épaiſſe, qui s'étend juſqu'à l'extrémité de leurs ongles. L'Eléphant
d'Afrique eſt preſque noir comme
ceux de l'Aſie. Sa peau eſt dure &
ridée avec quelques poils longs &
roides, répandus par intervalle. Sa
queue eſt longue, & ſemblable à celle
du Taureau, mais nuë, à l'exception
de quelques poils qui ſe raſſemblent
à l'extrémité. On s'eſt perſuadé
fauſſement qu'il n'a point de join-
tures aux pieds, mais cette erreur
eſt détruite par le témoignage de
tous les Voyageurs. Il ſe tourne dif-
ficilement de la droite à la gauche.
Les Négres qui ſe ſont apperçus de
ce défaut par des expériences continuelles en tirent beaucoup d'a-
vantage pour l'attaquer en plein

champ. Plufieurs Naturaliftes affurent que les femelles de ces Animaux portent leurs petits dix-huit
mois, d'autres trente-fix, mais rien
n'eft plus incertain, & l'on ne peut
efpérer d'en être bien informé,
parce que les Eléphans privés ne
produifent point.

L'Eléphant a peu d'embarras pour
fa nourriture. Si l'herbe lui manque
il mange des feuilles & des branches d'arbres, des rofeaux, des
joncs, toute forte de fruits, de grains
& de légumes. Dans une faim pref-
fante, il mange quelquefois de la terre & des pierres ; mais on remarque
que cette nourriture le fait bientôt
mourir. D'ailleurs, il fouffre patiem-
ment la faim, & l'on affure qu'il peut
paffer huit ou dix jours fans aucuns
alimens. Cependant il mange beaucoup lorfqu'il eft dans l'abondance,
témoins les dommages qu'il caufe
aux plantations des Négres. Un
feul de ces Animaux confume dans

un jour ce qui fuffiroit pour nourrir trente hommes pendant une fe-
maine , fans compter les ravages
qu'il fait avec fes pieds. Auffi les
Negres n'épargnent-ils rien pour
les éloigner de leurs champs : ils y
font la garde pendant le jour & y
allument des feux pendant la nuit.
Le tabac qui croit dans les champs
enyvre quelquefois les Eléphans, &
leur fait faire des mouvemens fort
comiques. Quelquefois leur yvreffe
va jufqu'à tomber endormis. Les
Negres ne manquent point les occafions de les tuer. Les Eléphans
avant de boire obfervent toujours
de troubler l'eau avec les pieds. Ils
s'attroupent ordinairement au nombre de cinquante ou foixante , on
en rencontre fouvent des troupeaux
dans les bois ; mais ils ne nuifent à
perfonne lorfqu'ils ne font point attaqués. (*a*) Les deux dents qui nous
donnent l'yvoire fortent de la mâ-

(*a*) Labat T. 3. p. 286.

choire d'en haut, quoique les Pein-
tres les repréſentent dans la ſitua-
tion oppoſée C'eſt avec ces puiſ-
ſantes armes que les Eléphans arra-
chent les arbres ; mais il arrive auſſi
quelquefois qu'elles ſe briſent &
de là vient, ſuivant Jobſon, qu'on
trouve ſi ſouvent des fragmens d'y-
voire diſperſés dans les terres. Le
même aſſure ſur ſa propre expérience, que la chair de ces Animaux eſt de fort bon goût. Quelquefois ces monſtrueux Animaux entrent dans les Villages pendant la
nuit, & ſi le haſard les fait heurter
contre les cabanes, ils les renver-
ſent comme une coquille de noix. *
Il eſt très-difficile de les bleſſer mortellement, à moins qu'ils ne ſoient
frappés entre les yeux & les oreilles : encore la balle doit être de fer,
car la peau de l'Eléphant réſiſte au
plomb comme un mur, & contre
l'endroit même que le fer perce,
une balle de plomb tombe entiére-

* Le Maire, p. 108.

ment applatie. Les Negres affurent
que jamais l'Eléphant n'infulte les
paffans dans un bois ; mais que s'il
eft tiré & manqué il devient furieux.

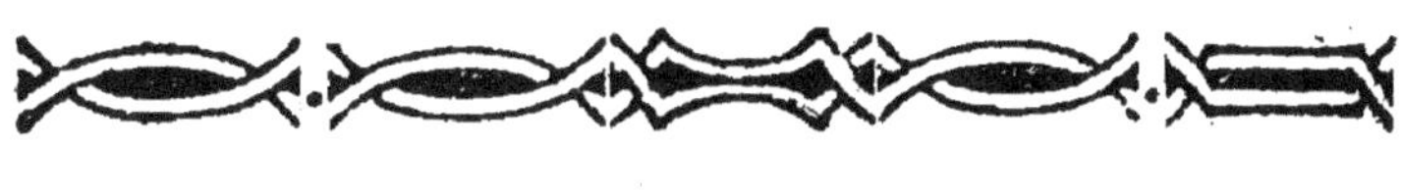

# CHAPITRE II.

## *Effets de la colere d'un Éléphant.*

BOSMAN rapporte qu'en 1700,
au mois de Décembre à fix heures du matin , un Eléphant s'approcha de Mina fur la Côte d'Or, marchant à pas méfurés au long du rivage fous le mont de San - Jago.
Quelques Negres allérent au - devant de lui fans armes, pour le tromper par des apparences tranquilles.
Il fe laiffa environner fans défiance,
& continua de marcher au milieu
d'eux. Un Officier Hollandois qui
s'étoit placé fur la pente du mont
le tira d'affez près , & le bleffa au-
deffus de l'œil. Cette infulte ne fit

pas doubler le pas au fier Animal. Il continua de marcher les oreilles levées, en paroiſſant faire quelques menaces aux Negres qui continuoient de le ſuivre ; mais entre les arbres qui bordoient la route, il s'avança juſqu'au jardin Hollandois, & s'y arrêta. Le Directeur Général accompagné de l'Auteur qui conte ce fait, d'un grand nombre de Facteurs, & de Domeſtiques, ſe rendit au jardin & le trouva au milieu des cocotiers dont il avoit déja briſé neuf ou dix avec la même facilité qu'un homme auroit à renverſer un enfant. On lui tira auſſitôt plus de cent balles qui le firent ſaigner comme un bœuf qu'on auroit égorgé. Cependant il demeura ſur ſes jambes ſans s'émouvoir. La confiance qu'on prit à cette tranquillité couta cher au Negre du Directeur. S'étant imaginé qu'il pouvoit badiner avec un Animal ſi doux, il s'approcha de lui par der-

riere , & lui prit la queue ; mais l'E-
léphant punit ſa hardieſſe d'un coup
de trompe , & l'attirant à lui il le
foula deux ou trois fois ſous ſes
pieds. Enſuite comme s'il n'eût pas
été ſatisfait de cette vengeance, il
lui fit dans le corps avec ſes dents,
deux trous où le poing d'un homme auroit pu paſſer. Après lui avoir
ôté la vie , il tourna la tête d'un autre côté ſans marquer d'attention
pour le corps du Negre , & d'autres
Negres s'étant avancés pour emporter le corps , il leur laiſſa faire
tranquillement cet office. Il paſſa
plus d'une heure dans le jardin , jettant les yeux ſur les Hollandois qui
étoient à couvert ſous les arbres à
quinze ou ſeize pas de lui ; enfin
la crainte d'être forcés dans cette
retraite leur fit prendre le parti de
ſe retirer , car ils manquoient de
poudre. Mais le haſard ayant conduit l'Eléphant à une autre porte, il
la renverſa dans ſon paſſage , quoiqu'elle

qu'elle fut d'une double brique : il ne fortit pas néanmoins par cette ouverture ; mais forçant la haye du jardin, il gagna lentement la riviere pour laver le fang dont il étoit couvert. Enfuite retournant vers quelques arbres, il y brifa quelques planches deftinées à la conftruction d'une barque. Les Hollandois avoient eu le tems de fe raffembler avec des munitions. Ils renouvellerent leurs décharges, & le firent tomber à force de coups. Sa trompe qui fut coupée auffi-tôt étoit fi dure & fi épaiffe, qu'il fallut plus de trente coups pour la féparer du corps. Ce fut alors que cet Animal qui avoit effuyé tant de balles fans pouffer un feul cri, fe mit à rugir de toute fa force, & s'étant traîné avec beaucoup de peine fous un arbre, il y expira. Auffi - tôt qu'il fut mort, les Negres tomberent en foule fur le corps & couperent autant de chair qu'ils en purent emporter. On trou-

D

va que d'un si grand nombre de coups il en avoit reçu peu de mortels. D'autres n'ayant pu pénétrer qu'une partie de la peau, s'y trouvoient encore nichées ; mais la plûpart étoient tombées applaties. Quoique Bosman conclue de là, qu'elles doivent être de fer ; il y a beaucoup d'apparence que celles des Hollandois étoient trop petites, & n'avoient pas d'autre défaut, puisqu'on a l'exemple d'un Anglois, qui tirant un Eléphant de son Canot sur le bord de la Gambra, le tua d'une seule balle de plomb. L'Eléphant n'est pas moins admirable par sa docilité que par sa grosseur, il vit l'espace de cent cinquante ans, sa couleur s'embellit en vieillissant. Les Negres en prennent un grand nombre en creusant de profondes fosses dans les lieux que ces Animaux fréquentent, & les couvrent de branches & de feuilles d'arbres. L'Eléphant étant tombé dans le piége,

y eſt bientôt aſſommé avec toute
ſorte d'armes, & d'inſtrumens. Le
corps eſt partagé entre les Chaſſeurs, & la peau leur ſert à couvrir
leurs bancs & leurs chaiſes : ils font
préſent de la queue au Roi, qui l'employe pour chaſſer les mouches. *Hiſt.*
*Gén. des Voy. t. 3.*

Les Eléphans jettent leurs dents
tous les trois ans, & comme il y a une
prodigieuſe quantité d'Eléphans ſur
la Côte d'Yvoire ; c'eſt la raiſon
pour laquelle l'Yvoire y eſt ſi commun.

## CHAPITRE III.

*Des diverſes ſortes d'Éléphans.*

ON diſtingue pluſieurs ſortes
d'Eléphans, le Lybien, l'Indien, l'Eléphant de marais, celui
des montagnes & celui des bois.

L'Eléphant de marais a les dents bleues & ſpongieuſes, difficiles à tirer, & plus encore à travailler, parce qu'elles ſont remplies de petits nœuds. L'Eléphant de montagne eſt farouche & dangereux, il a les dents plus petites & la taille mieux formée. L'Eléphant qui vit dans les bois eſt plus docile. Il a les plus groſſes dents & les plus blanches.

On ne voit jamais d'Eléphant blanc ſur la Côté d'Or. Ceux de Guinée ſont ſi prompts qu'ils ſurpaſſent un cheval à la courſe, les Negres de Mina leur donnent le nom d'*Oſſons*. L'Eléphant a le pied comme le ſabot du cheval, mais beaucoup plus grand. Sa peau eſt plus dure & plus épaiſſe ſur le dos que ſur le ventre. Outre ſes défenſes, il a quatre dents qui lui ſervent à mâcher, elles ſont tortues dans les mâles & droites dans les femelles. La femelle de l'Eléphant eſt plus forte ; mais

moins hardie que le mâle. Elle a deux
mammelles. On prétend qu'elle a
beaucoup de peine à nourrir ses petits, & qu'elle est obligée alors de
s'accroupir. Les uns ne lui donnent
qu'un jeune à la fois : d'autres lui
en donnent quatre. Les plus petits
Eléphans voyent clair, dit-on, aussi-tôt qu'ils sont nés. Ils suçent le
lait de leur mere, non avec leur
trompe, mais avec la langue & les
levres. Mais toutes ces circonstances ne sont que des conjectures.

Les Eléphans ne sont nulle part
en si grand nombre que sur la Côte
d'Yvoire ; il s'en trouve beaucoup aussi sur la Côte d'Or, qui
s'avancent de l'intérieur des terres
qui sont désertes, jusqu'au rivage
de la mer ; car moins il y a d'hommes dans une contrée, plus elle se
remplit de bêtes farouches.

Les Eléphans de la Côte d'Or
ont douze ou treize pieds de haut ;
mais il sont moins grands que ceux

des Indes Orientales, aufquels les Voyageurs donnent le même nombre de coudées (*a*). Atkins dans fon Voyage, remarque que les dents des Eléphans viennent des Négres intérieurs avec lefquels ceux de la Côte font des échanges pour des Marchandifes de l'Europe. Il ajoute que Plunket, ancien Gouverneur de Sierra Leona, & d'autres Anglois qui avoient acquis en Afrique une expérience de vingt ans, l'avoient affuré que les Eléphans changent d'habitations & de pâturages, & que pour cette tranfmigration ils fe raffemblent en troupeaux fort nombreux; qu'ils en avoient vu fur les bords de la Gambra des légions de 1000 & 1500; que ces monftrueux Animaux font d'une hardieffe qui répond à leur groffeur, & que marchant en fort bon ordre, ils fe croient comme fupérieurs aux attaques des Negres, qui ne peuvent leur faire

______
(*a*) Voy. de Smith, p. 49.

la guerre-sans en approcher, parce que de loin la peau d'un Eléphant est impénétrable aux balles du mousquet.

L'Eléphant se nourrit particuliérement d'une sorte de fruit qui ressemble au papa, & qui croît sauvage dans plusieurs parties de la Guinée. L'Isle de Tesso en est remplie, & c'est apparemment ce qui invite ces Animaux à s'y rendre en grand nombre. Ils passent le canal à la nage. Un Esclave de la compagnie blessa un Eléphant dans cette Isle, & n'ignorant pas ce qu'il avoit à craindre de sa furie, il se réfugia aussi-tôt dans un bois voisin. L'Eléphant s'efforça de le suivre ; mais soit qu'il fût affoibli par sa blessure, ou retardé par l'épaisseur des arbres, il abandonna les traces de son ennemi pour repasser le Canal à la nage : il mourut en chemin, & les Negres profiterent de la marée pour le con-

duire dans une Baye, où ils commencerent par lui arracher les dents
& firent enſuite un feſtin de ſa chair.
L'Auteur aſſure que le mouvement
d'un Eléphant dans l'eau eſt plus
prompt que celui d'une Chaloupe
à dix Rameurs, & qu'à terre il eſt
auſſi léger qu'un Cheval à la courſe.

# CHAPITRE IV.

## *Des autres eſpeces d'Éléphans.*

DANS le Royaume de Congo,
il ſe trouve des Eléphans en
grand nombre dans les bois, les pâturages & ſur le bord des rivieres.
Les Habitans du Pays prétendent
que cet Animal vit 100 ans, &
ne ceſſe pas de croître juſqu'au
milieu de cet âge. Le Voyageur Lopez prit plaiſir un jour à peſer pluſieurs dents, dont chacune étoit

d'environ deux cent livres. Il affure contre l'opinion des Anciens, que l'Eléphant fe couche à terre, qu'il plie les genoux, & que de fes pieds de devant il abaiffe les branches des arbres pour fe nourrir de leurs feuilles. Si les arbres font trop éle-vés, il les ébranle fi puiffamment avec l'épaule, qu'il parvient à les renverfer. S'ils ont moins de force dans leur hauteur, il les courbe avec fes dents jufqu'à ce qu'il puiffe at-teindre aux feuilles : mais il arrive auffi quelquefois que fes dents fe brifent par l'effort, & c'eft la raifon qui en fait trouver un fi grand nom-bre dans les forêts. Les femelles ne conçoivent qu'une fois en fept ans, & ne portent pas plus de deux ans.

La peau des Eléphans du Congo eft d'une dureté incroyable, elle a 4 pouces d'épaiffeur (*a*). Lopez af-fure qu'un de ces Animaux ayant été tiré d'un coup de *Paderero*, la

(*a*) Pigafetta p. 63,

D v

balle ne perça point sa peau ; mais il fut si fort meurtri, qu'après avoir fui pendant trois jours, & tué dans sa fureur plusieurs Esclaves qui se rencontrerent sur son passage , il mourut de cette avanture.

Les Eléphans ont à la queue une sorte de poil ou de soye, de l'épaisseur d'un jonc & d'un noir fort brillant. La force & la beauté de ce poil augmentent avec l'âge de l'Animal. Un seul se vend quelquefois deux ou trois Esclaves, parce que les Seigneurs & les femmes sont passionnés pour cet ornement. Tous les efforts d'un homme avec les deux mains, ne peuvent le briser. Quantité de Negres se hasardent à couper la queue de l'Eléphant dans la seule vue de se procurer ces poils. Ils le surprennent quelquefois tandis qu'il monte par quelque passage étroit, dans lequel il ne peut se tourner ni se venger avec sa trompe. D'autres beaucoup plus hardis

prennent le tems où ils le voyent
paître, lui coupent la queue d'un
seul coup, & se garantissent de sa
fureur par des mouvemens circu-
laires, que la pesanteur de l'Animal, & la difficulté qu'il trouve à se
tourner ne lui permettent pas de
faire avec la même vîtesse. Cependant il court plus vîte en droite ligne que le cheval le plus leger, parce que ses pas sont plus grands.

# CHAPITRE V.

### *Naturel de l'Eléphant.*

L'ELEPHANT est d'un naturel fort
doux, & peu inquiet pour sa
sureté, parce qu'il se repose sur sa
force. S'il ne craint rien, il ne cherche pas non plus à nuire. Il s'approche des maisons sans y causer aucun
désordre. Il ne fait aucune attention

aux hommes qu'il rencontre. Quelquefois il enleve un homme avec
fa trompe, & le tient fufpendu pendant quelques momens ; mais c'eſt
pour le remettre tranquillement à
terre. Il aime les rivieres & les lacs
furtout vers le tems de midi, pour ſe
défaltérer ou ſe rafraîchir. Il ſe met
dans l'eau juſqu'au ventre & ſe lave
le reſte du corps avec l'eau qu'il
prend dans ſa trompe. Lopez dit en
avoir vû plus de cent dans une ſeule
troupe : ils aiment à marcher en
pagnie, & les jeunes furtout vont
toujours à la ſuite des vieux.

## *Maniere de prendre ou de tuer les Eléphans.*

Les Peuples de Bamba n'ont jamais eu l'art d'apprivoiſer les Eléphans, mais ils entendent fort bien
la maniere de les prendre en vie.
Leur méthode eſt d'ouvrir dans les
lieux que ces Animaux fréquentent

de larges fosses qui vont en rétrécis-
sant vers le fond, ils les couvrent,
de branches d'arbres & de gazon qui
cachent fort bien le piége. Lopez vit
sur les bords de la Quanza un jeune Eléphant qui étoit tombé dans
une de ces tranchées. Les vieux
après avoir employé inutilement
toute leur force & leur adresse pour
le tirer du précipice, remplirent
la fosse de terre, comme s'ils eus-
sent mieux aimé le tuer & l'ensève-
lir que de l'abandonner aux Chas-
seurs. Ils exécuterent cette opéra-
tion à la vue d'un grand nombre
de Negres qui s'efforcerent en vain
de les chasser par le bruit, par la
vue de leurs armes, & par des feux
qu'ils leur jettoient pour les effrayer.

Merolla raconte les ruses qu'on employe dans le Comté de Sogno pour
tuer les Eléphans. Lorsqu'ils paroîs-
sent en troupe le Chasseur se frotte
tout le corps de leurs excrémens, &

& rampant jusqu'à eux avec sa lance, il se glisse doucement sous leur ventre jusqu'à ce qu'il trouve l'occasion d'en frapper sous l'oreille. Aussi-tôt qu'il a donné le coup, il s'éloigne avant que l'Animal ait eu le tems de le reconnoître. L'odeur de la fiente trompe tous les autres qui continuant de marcher, laissent leur compagnon en proye au Chasseur. Si l'Animal blessé dans un endroit si sensible, conserve assez de force pour se défendre, ou pour attaquer même son ennemi, la seule ressource du Chasseur est de se retirer en faisant plusieurs tours, & d'attendre qu'il soit entiérement affoibli par la perte de son sang, qui ne cesse pas de couler jusqu'à sa mort.

Dapper observe que l'Eléphant après avoir été blessé employe toutes sortes de moyens pour tuer son ennemi, & que s'il en vient à bout il ne fait aucune insulte à son corps,

Au contraire son premier soin est
de creuser la terre de ses dents pour
lui faire un tombeau dans lequel
il l'étend avec beaucoup d'adresse.
Ensuite il le couvre de terre & de
feuillages. Mais ceux qui font leur
occupation de cette dangereuse
Chasse se cachent fort soigneuse-
ment après avoir tiré leur coup,
& suivent de loin l'Animal en ju-
geant de sa foiblesse par sa marche. Ils cherchent l'occasion de lui
faire de nouvelles blessures, & lorsqu'ils le croient près de sa fin, il
s'approchent hardiment pour l'a-
chever.

On lit dans le même Auteur que
la nature a placé dans la tête de
plusieurs Eléphans une sorte de Be-
zoar de couleur pourpre, à laquelle
on attribue des qualités fort salu-
taires. Merolla nous apprend que
les Negres font distiller au Soleil
une certaine eau des jambes de l'E-
léphant, qu'ils la regardent comme

un puissant reméde pour l'asthme,
les sciatiques, & les humeurs froi-
des. *Hist. Gén. des Voy. T. 5.*

# CHAPITRE VI.

## *Qualités de certains Eléphans.*

UN Voyageur de la Chine ( *Is-brandides* ) étant à Pekchin vit
l'écurie des Eléphans de l'Empe-
reur. Le Gouverneur de l'écurie leur
fit faire plusieurs tours en présence
de l'Ambassadeur du Gzar, tels que
de rugir comme les tigres, de mugir
comme les taureaux, de hannir comme le cheval, & d'imiter le chant
des oiseaux de Canarie. Ils contre-
firent jusqu'au son de la trompette. Ensuite le Gouverneur les obli-
gea de rendre leurs respects à l'Ambassadeur les quatre genoux en terre, de se coucher d'abord sur un

côté, puis sur l'autre, & de se rele-
ver. Ils faisoient cet espece d'exercice sur un ordre simple. Pour se
coucher ils commençoient par étendre les jambes de devant & celles
de derriere, après quoi ils se repo-
soient à terre sur le ventre. Tous
ces Eléphans étoient d'une grosseur extraordinaire. Quelques-uns
avoient les dents longues de six
pieds. Le Roi de Siam en avoit fait
présent à l'Empereur de la Chine,
& tous les ans il lui en envoyoit
quelqu'un à titre de tribut.

Le long du Senegal & dans le
Pays des Negres les Eléphans y marchent en troupe comme les San-
gliers à Venise, mais ils ne peuvent
jamais être apprivoisés comme dans
les autres Pays. L'Eléphant n'a que
deux dents de l'espece de celles
qu'on apporte en Europe ; elles
font à la mâchoire inférieure comme au Sanglier, avec la seule différence que celles du Sanglier tour-

nent la pointe en haut, & que celles de l'Eléphant la tournent en bas.
On n'apperçoit jamais leurs grandes dents avant leur mort. Quelque
Sauvages qu'ils foient, ils ne font
aucun mal lorqu'ils ne font point
attaqués : mais fi quelqu'un les irrite, ils fe défendent avec leur trompe que la nature leur a donnée à la
place du nez, & qui eft d'une ex-
ceffive longueur, ils l'étendent &
la refferrent à leur gré. S'ilt faififfent
un homme avec cette redoutable
machine, ils le jettent prefqu'auffi
loin qu'on jette une pierre avec la
fronde. C'eft en vain qu'on croit
s'échapper par la fuite. Ils font d'u-
ne viteffe furprenante : les plus jeunes font ordinairement les plus dangereux. La portée des femelles eft
de trois ou quatre petits à la fois :
ils fe nourriffent de feuilles d'arbres
& de fruits qu'ils attirent jufqu'à
leur bouche avec le fecours de la
trompe.

Lorsqu'ils font couchés dans la fange pour s'y rafraîchir, ils ne jettent pas les yeux fur les paffans, & l'on n'a pas d'exemple qu'ils ayent jamais attaqué perfonne, à moins qu'on ne faffe feu fur eux, & qu'on ne les irrite par quelque bleffure ; car ils deviennent alors des ennemis fi dangereux qu'il eft fort difficile de leur échapper ; mais fi l'on parvient à les effrayer affez pour leur faire prendre le parti de fe retirer, ils le font avec beaucoup de lenteur : ils regardent fixement ceux qui troublent leur repos, & jettant deux ou trois cris, ils continuent leur marche. Quelques Marelots François remontant une petite riviere dans le Pays des Negres, virent un Eléphant fi embarraffé dans la fange, qu'ils fe promirent d'en faire aifément leur proye : comme ils ne pouvoient s'en approcher affez pour le tuer, leurs balles ne fervirent qu'à le mettre en fureur.

Ne pouvant aussi s'avancer vers eux, il n'eut pas d'autre moyen pour se venger que de remplir sa trompe d'eau bourbeuse, & de leur en lancer une si grosse pluye qu'elle faillit de les abîmer dans leur barque: ils furent contraints de se retirer, & la marée qui revint bientôt, mit l'Eléphant en état de regagner la rive à la nage. *Voy. de Bruë. Hist. Gén. des Voy. T. 2.*

# CHAPITRE VII.

## *Chasse des Eléphans.*

LEs trois chasses d'Eléphant ausquelles le Roi de Siam invita l'Abbé de Choisi & le P. Tachard font dignes d'être connues du Lecteur. Nous avons été ce matin, dit l'Abbé de Choisi, à la chasse des Eléphans. C'est un plaisir véritablement Royal. La grande enceinte est

de plus de vingt lieues de tour. Il y
a deux rangs de feux allumés toute la nuit, & à chaque feu de dix
pas en dix pas deux hommes avec
des piques. On voit de tems en tems
de gros Eléphans de guerre & de
petites piéces de canon. Des hommes armés entrent dans l'enceinte,
& font le tricquetrac, peu à peu on
gagne du terrein & l'enceinte se re-
trécit. Le feu, le canon, & les Eléphans avancent jusqu'à ce qu'on
puisse approcher les Elephans sauvages assez près pour leur jetter des
lacets où ils se prennent les jambes.
Quand il y en a quelqu'un de pris,
les Eléphans de guerre qui sont sti-
lés à cela se mettent à leurs côtés,
& leur donnent de bons coups de
défenses s'ils font les méchans, sans
pourtant les blesser, d'autres les
poussent par derriere. Des hommes
leur mettent des cordes de tous les
côtés, montent dessus, & les con-
duisent à un poteau, où ils demeu-

rent attachés jusqu'à ce qu'ils soient comme des moutons. Nous en avons vu prendre une vingtaine. Le Roi étoit monté sur un Eléphant de guerre, & donnoit les ordres. Ce Roi avoit alors deux mille Eléphans de guerre, & quarante-cinq mille hommes en faction. *Journal du Voy. de Siam p.* 479.

A un quart de lieue de Louve, écrit le P. Tachard, il y a une espe- ce d'amphitéâtre dont la figure est d'un grand carré long, entouré de hautes murailles terrassées sur les- quelles se placent les Spectateurs. Le long de ces murailles en dedans regne une palissade de gros pilliers fichés en terre à deux pieds l'un de l'autre, derriere lesquels les Chas- seurs se retirent lorsqu'ils sont pour- suivis par les Eléphans irrités. On a pratiqué une fort grande ouverture vers la campagne, & vis-à-vis du cô- té de la Ville, on en a fait une plus petite qui conduit dans une allée

étroite par où un Eléphant peut paffer à peine, & cette allée aboutit à
une maniere de grande remife, où
l'on acheve de le dompter.

Lorfque le jour deftiné à cette
chaffe eft venu, les Chaffeurs entrent dans le bois montés fur des
Eléphans femelles qu'on a dreffées
à cet exercice, & fe couvrent de
feuilles afin de n'être pas vûs par
les Eléphans fauvages. Quand ils
font avancés dans la forêt & qu'ils
jugent qu'il peut y en avoir aux
environs, ils font jetter aux femelles certains cris propres à atti-
rer les mâles, qui répondent auf-
fitôt par des hurlemens affreux ;
alors les Chaffeurs fe fentant à une
jufte diftance retournent fur leurs
pas & menent doucement les femelles du côté de l'amphitéâtre où
les Eléphans fauvages ne manquent
jamais de les fuivre. Gelui que nous
vîmes dompter y entra avec elles,
& dès qu'il y fut, on ferma la bar-

riere. Les femelles continuerent
leur chemin au travers de l'amphi-
théâtre, & enfilerent queue à queue
la petite allée qui étoit à l'autre
bout. L'Eléphant qui les avoit fui-
vies jufques - là, s'étant arrêté à
l'entrée du défilé, on fe fervit de
toutes fortes de moyens pour l'y
engager : on fit crier les femelles
qui étoient au-delà de l'allée : quelques Siamois l'irriterent en frap-
pant des mains & criant plufieurs
fois *Paft, Paft* : d'autres avec de longues perches armées de pointes le
harceloient, & quand ils en étoient
pourfuivis ils fe retiroient derriere
la paliffade, enfin il s'attacha à l'un
d'eux qui demeura exprès, & qui fe
jetta dans l'allée. L'Eléphant cou-
rut après lui ; mais dès qu'il y fut
entré, on laiffa tomber à propos deux
couliffes, l'une devant, l'autre derriere. L'Animal ne pouvant ni avancer ni reculer, ni fe retourner fit
des efforts furprenans, en pouffant
des

des cris terribles. On tâcha de l'a-
doucir en lui jettant des sceaux
d'eau sur le corps, en le frottant avec
des feuilles, en lui versant de l'huile
sur les oreilles, & on fit venir auprès de lui des Eléphans mâles &
femelles qui le caressoient avec leurs
trompes. Cependant on lui atta-
choit des cordes par dessous le ventre & aux pieds de derriere afin de
le tirer de là. On fit venir un Eléphant privé de ceux qui ont coutume d'instruire les nouveaux venus. Un Officier étoit monté dessus
qui le faisoit avancer & reculer pour
montrer à l'Eléphant sauvage qu'il
n'avoit rien à craindre, & qu'il pouvoit sortir ; en effet on lui ouvrit
la porte & il suivit l'autre jusqu'au
bout de l'allée. Dès qu'il y fut, on mit
à ses côtés deux Eléphans que l'on
attacha avec lui. Un autre marchoit
devant, & le tiroit avec une corde
dans le chemin qu'on lui vouloit
faire prendre, pendant qu'un qua-

triéme le faisoit avancer avec un grand coup de tête qu'il lui donnoit par derriere, jusqu'à une espece de remise, où on l'attacha à un gros pillier fait exprès, qui tourne comme un cabestan de Navire. On le laissa là jusqu'au lendemain pour lui faire passer sa colere. Mais le jour suivant il commença à aller avec les autres, & au bout de quinze jours il fut entiérement apprivoisé.

XXXXXXXX:XXXXXXXXXXXXXX

# CHAPITRE VIII.

*Des qualités admirables de l'Eléphant.*

L'ELEPHANT est d'une docilité & d'une industrie qui approche de l'intelligence humaine : il est susceptible d'attachement, d'affection, & de reconnoissance, jusqu'à sécher de tristesse quand il a perdu son Gouverneur. On le voit transporté de douleur, & vouloir se donner la mort, lorfque dans ces momens de fureur il l'a tué ou mal-traité : on reconnoît cette efpece de tendreffe en différentes occafions. L'abfence de leur compagne con-tribue plus que tout autre moyen à le rendre fouple & à leur faire oublier leur propre force ; car on prétend qu'ils ne s'attachent ja-mais à d'autres. Il eft des endroits où on les prend dans des foffes pro-fondes dont on recouvre légére-ment la fuperficie. Quand la mere s'apperçoit que fon petit eft tom-bé, le chagrin qu'elle en reffent & l'amour qu'elle a pour lui la font précipiter dans le même piége, quoique l'inftinct lui faffe connoî-tre qu'elle pourra y perdre la vie. Elle ne l'abandonne jamais dans le péril , & elle s'y fait tuer la pre-miere. * Quand elle eft obligée de paffer un fleuve, elle le prend fur

* Ælian. 1. 9. c. 8. 7. 15. Plin. 8. 5. Philoft. 11. 14. 14.

E ij

ſa trompe , & ne le quitte qu'à l'autre rivage. S'il **a** la force de nâger, il entre dans l'eau le premier. S'ils en rencontrent un dans la campagne qui ſoit malade, il n'eſt ſorte de bons offices qu'ils ne lui rendent, allant chercher l'herbe & les remedes qui peuvent le ſoulager. S'il meurt, ils ne laiſſent pas ſon corps expoſé, ils l'enterrent & recouvrent ſa foſſe de branches d'arbres. On les dreſſoit à avoir pour le Prince une vénération digne de Sa Majeſté. * Auſſitôt qu'ils l'appercevoient, ils fléchiſſoient les genoux pour l'adorer à la maniere des Orientaux, & ſe relevoient un moment après. Les Rois des Indes s'en ſervoient à la guerre , & ils n'avoient pas de plus zelés défenſeurs. Ce que l'on raconte de celui que Porus montoit eſt preſqu'incroyable. Cet Animal ſentant ſon Maître épuiſé par les traits dont il étoit couvert, ſe baiſ-

* Philoſt, l. 13. c. 22. Plin. 7. 1.

sa de lui-même pour le descendre sans le blesser, & lui arracha avec sa trompe les fleches dont il étoit hérissé ; mais voyant qu'il perdoit tout son sang il le rechargea sur son dos & l'emmena dans son quartier.

Ælien*raconte un trait pareil d'un Seigneur Indien ; il avoit trouvé un jeune Eléphant blanc qu'il éleva avec grand soin. Cet Animal lui servoit de monture ordinaire , & lui donnoit toutes les marques de la plus tendre amitié. Le Roi informé de sa douceur & de son adresse le demanda pour lui ; mais le Seigneur à qui il appartenoit ne pût s'en détacher, & pour éviter les suites de son refus, il se sauva dans des montagnes. On l'y poursuivit par ordre du Prince, mais monté sur le haut d'un rocher il y soutint un long assaut parant les traits & se défendant à coups de pierres, parfaitement secondé par son Eléphant qui les jettoit avec toute la justesse possi-

*L. 3. c. 46.　　　　E iij

ble. Les Soldats monterent néanmoins malgré cette généreuſe réſiſtance. Alors l'Animal plein de fureur ſe jetta au milieu d'eux, en renverſa pluſieurs avec ſa trompe, les écraſa, mit les autres en fuite, reprit ſon maître bleſſé, & ſe retira avec lui.

Lorſque Pyrrhus entra de force dans Argos, un de ſes Soldats monté ſur un Eléphant reçut une bleſſure dangereuſe, & fut jetté par terre. L'Eléphant ayant perdu ſon Maître dans la foule, fit des écarts épouventables juſqu'à ce qu'il l'eut trouvé, alors il le releva avec ſa trompe, le mit ſur ſon dos, & retourna en fureur vers la porte de la Ville, renverſant & foulant aux pieds tout ce qui ſe rencontroit devant lui.

À cet inſtinct d'humanité, l'Eléphant joint une force extraordinaire qui le fait regarder comme le plus puiſſant des Animaux. On en dreſſoit pour les batailles qui fai-

foient la terreur de l'ennemi, par
le ravage qu'ils caufoient dès qu'on
leur avoit donné le fignal de s'avancer. C'étoit au fon des trompettes
& des tambours, ou par le fpecta-
cle du fang déja répandu dont ils
ont horreur, ou par la vue de quelques liqueurs qui en approchent,
comme le jus de mure ou de raifins.
Auffi-tôt ils entroient en fureur, fe
jettoient au travers des Bataillons,
& portoient de toutes parts l'effroi,
le défordre & la mort. L'odeur & le
mugiffement épouventable de ces
Animaux caufoient encore plus de
trouble parmi les chevaux que parmi les hommes : du premier abord
ceux-là fe frappoient de terreur,
on ne pouvoit les faire avan-
cer ; ils fe dreffoient les uns fur les
autres, & renverfoient les Cava-
liers. Céfar n'en avoit qu'un, lorfqu'il livra la bataille à Caffanollan,
Roi des Bretons, & il lui fuffit pour
mettre toute l'Armée en fuite. C'é-

toit l'ufage qu'en faifoient princi-
palement les Perfes, les Syriens &
les Romains qui les imiterent. Quelquefois ils bâtiffoient fur le dos de
ces bêtes monftrueufes de grandes
tours de bois à plufieurs étages où
montoient des Archers, qui tiroient
en affurance ayant prefque tout le
corps à couvert. Dans la Bataille
qu'Antiochus Eupator livra à Judas
Machabée, ce Roi de Syrie avoit
plus de trente Eléphans de cette
forte fur chacun defquels étoient
trente-deux hommes qui lançoient
des fleches de tous côtés, & un Indien qui le conduifoit. Aux Indes
on les plaçoit fur le front de l'Armée à cent pas l'un de l'autre, où
ils fervoient de rempart contre l'ennemi, jufqu'au moment qu'il falloit
les animer & les lâcher. Porus en
mit deux cens fur une même ligne
lorfqu'Alexandre vint l'attaquer.

Les Romains s'en fervirent depuis dans la Lice & le Combat des

Gladiateurs : ce fut l'an 655 de Rome qu'on en donna le spectacle pour la premiere fois. D'abord on ne les faisoit combattre que contre des Taureaux ; mais ensuite on les mit contre des hommes. Pompée à la dédicace du Temple de Venus, en lâcha 20 dans le Cirque contre des Captifs de Gétulie, peuples d'Afrique, & les circonstances de ce combat le rendirent mémorable à la postérité. Un Eléphant qui eut les pieds coupés se traîna vers un gros de Gétules qu'il enferma : il leur arrachoit leurs boucliers & les jettoit avec tant de force & d'adresse qu'aucun ne retomboit sur les Spectateurs. On eut dit qu'il les désarmoit moins par colere & par vengeance, que pour réjouir le Peuple. César donna le spectacle de vingt Eléphans contre cinq cens hommes. Les Empereurs Claude & Néron le repeterent dans la même proportion avec des Eléphans char-

E v

gés de tours. Il falloit avoir excité
& provoqué longtems cet Animal
pour le mettre en fureur. La cruauté étoit entiérement opposée à son
instinct naturel. Un Prince*voulant
faire mettre en piéces trente hommes qui lui avoient déplu , les fit
attacher à des poteaux , & lâcha
contre eux autant d'Eléphans avec
des Sattellites qui les attaquoient
pour les mettre en colere. Ils y entrerent à la vérité ; mais ce fut contre ceux qui les inquiétoient, & jamais le Prince ne put les rendre
ministres de sa passion. Cet Animal respecte la foiblesse, & un ennemi qui ne lui est point égal en
force. S'il passe au milieu d'un troupeau de brebis, il les range avec
sa trompe de peur de les écraser
en les foulant : lorsqu'ils se battent
entre eux , jamais ils n'endomma-
gent leurs défenses pour ne pas se
désarmer contre d'autres ennemis.

On ne croiroit pas que ces mas-

* Plin. 8. 8.

fes lourdes & énormes fuffent fuf-
ceptibles de mémoire , d'adreffe
& d'induftrie qui ont étonné dans
plufieurs. Mutianus qui avoit été
trois fois Conful à Rome, affuroit en
avoir vu un qui connoiffoit les Lettres Grecques & qui écrivoit en ar-
rangeant des caracteres , les mots
qu'on lui difoit. Un autre ayant été
rudement châtié par fon Maître
dont il ne pouvoit retenir les leçons, paffa toute la nuit dans une
attitude rêveufe , & exécuta parfaitement le lendemain ce qu'il n'a-
voit pu faire la veille.

Il y en avoit de fi doux qu'un
enfant de douze à treize ans les
montoit, les conduifoit aifément,
& leur faifoit faire tout ce qu'il vouloit. * Arien le moins fabulifte de
tous les Anciens , dit en avoir vu
un qui avoit deux cymbales aux
jambes fur lefquelles il jouoit avec
fa trompe un air regulier pendant

* Arrien in Indic. c. 14. Ælian. l. 8. c. 17.

que pluſieurs autres danſoient en cadence autour de lui.

Il eſt honteux pour l'homme que cet Animal lui faſſe des leçons de modeſtie. L'inſtinct lui inſpire une horreur particuliere pour l'adultere, & l'on raconte pluſieurs traits qui le font bien connoître. Un Indien dégoûté de ſa femme à qui les années avoient ôté le don de plaire, réſolut de la faire mourir pour en épouſer une autre qu'il aimoit paſſionnément. Il l'égorgea, & alla l'enterrer en ſecret dans l'étable de ſon Eléphant. Peu de jours après l'Animal voyant une nouvelle épouſe, la prit avec ſa trompe & l'amena à la ſépulture de celle qui l'avoit précédée. Il ouvrit lui-même la foſſe, & découvrit à ſa nouvelle maîtreſſe le cadavre de la premiere. Il le lui fit regarder avec attention, & lui montra par ce trait de cruauté & de barbarie quel étoit le caractere de celui qu'elle avoit choiſi pour ſon époux.

Un autre dans le même Royaume ayant apperçu la femme de son Maître commettre un adultere, alla sur elle & la perça de ses défenses avec son complice, pour faire connoître au mari son zéle & sa fidélité. On vit la même chose à Rome sous l'Empereur Titus, avec cette différence que l'Eléphant jetta une couverture sur les deux adulteres, afin de dérober, s'il étoit possible, la connoissance de leur faute. Cet Animal est seize ou dix-huit mois dans le ventre de sa mere, après lesquels il naît de la grosseur d'un veau. Il n'est dans sa force qu'à l'âge de cinquante ou soixante ans. Sur son dos, il a la peau comme un treillis épais, ou plutôt une barde d'armure qu'on ne sçauroit presque entamer; mais sous le ventre elle est beaucoup plus tendre ; ce qui inspira à Eleazar de se mettre sous celui qu'il croyoit porter Antiochus, & de lui enfoncer son épée dans le corps, quoiqu'il prévît bien qu'il ſeroit écraſé par ſa chute. Tout le monde ſçait qu'il ne ſe couche pas pour dormir. Sa nourriture ordinaire eſt l'herbe & le bled ; mais il aime extrêmement les douceurs, comme le ſucre d'orge, dont on lui donne pour l'apprivoiſer. On fait boire du vin du Pays, c'eſt-à-dire, de la bierre, à ceux que l'on deſtine pour l'Armée. Les autres qui ſont plus foibles & qui ſervent pour le labourage, ne boivent que de l'eau, qu'ils aiment mieux quand elle eſt trouble. Ils ſont expoſés à différentes maladies dont les Indiens connoiſſent les remedes, ce qui fait vivre cet Animal deux ou trois cens ans.

Le Roi de Camboye dans le Mogol a environ cinquante Eléphans, & pluſieurs entr'autres qu'on a dreſſés à lui faire la révérence tous les matins, bardés & enharnachés fort richement, ſurtout aux jours de cé-

rémonie ; ils ont une écurie toute
peinte & tenue avec une grande
propreté. On leur sert à manger
dans de grands plats d'argent. Ils
ont des Gouverneurs qui les traitent
avec un air respectueux sans user
jamais d'aucun ton rude, comme
pour les gronder. On diroit que rien
ne manque à ces Animaux que la
parole, tant ils font paroître de raison, & comprennent promptement
tout ce que leurs Maîtres leur ap-
prennent. *Voy. de Vinc. le Blanc. t.* 1.

Le Roi de Pegu dans les Indes
a quatre Eléphans blancs, ces Animaux font d'une force prodigieuse.
Ce Prince se plaît fort à se faire
traîner par ces Eléphans sur un Telanzin, qui est une espece de litiere
couverte à quatre roues. Je le vis un
jour, dit Vincent le Blanc en ses
Voyages, qu'il fit appeller son *Nan-
gis*, ou Cocher, pour lui faire venir
son *Telanzin*, voulant aller à la promenade. Et comme il avoit auprès

de lui deux de ſes Eléphans, qu'il faiſoit voir au Prince de *Souac*, & vantoit leur force, il y en eut un d'eux qui partit auſſi-tôt, & alla prendre cette litiere avec tout ſon attirail, & rouage, la porta devant le Roi avec ſes dents, la poſa tout doucement à terre, comme ſi c'eût été une choſe de peu de poids, quoiqu'elle peſât environ cinquante quintaux. Cette action plut tant au Roi, qu'il commanda dès-lors qu'avec ſa portion ordinaire, on lui donnât tous les jours dix livres de ſucre de plus. Le principal manger de cet Animal eſt du Ris, cuit avec du lait, mis par pelottes, & chacun en a cinquante livres pour ſa portion.

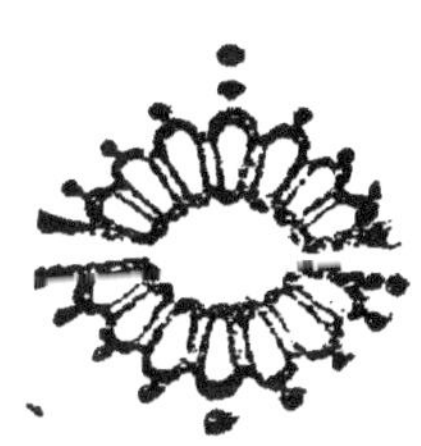

# CHAPITRE IX.

*Des Tours de bois qu'on mettoit sur les Eléphans.*

DElla la vallé en racontant l'entrée d'un Ambassadeur de l'Inde au Roi de Perse dans la Ville de Cashuin, parle de plusieurs Eléphans qu'il y vit, & qu'il trouva fort beaux. Deux ou trois de ces Eléphans, dit-il, avoient une tour sur le dos avec des hommes au dedans. Cette tour néanmoins n'est pas à proprement parler une tour, mais plutôt un bois de nos grands lits à pentes, qui est couvert de drap d'or. Cette machine occupe de sa longueur, la largeur de cet Animal depuis un côté jusqu'à l'autre, & elle est si spacieuse qu'un homme couché s'y peut étendre très-facilement; mais la largeur depuis les épaules jusqu'à la croupe est bien moindre; elle est telle néanmoins que deux personnes, un peu pressées, y pourroient dormir.

Les personnes de condition qui peuvent avoir des Eléphans, se servent de ces sortes de tours pour voyager plus commodément, & même pour faire la guerre, parce qu'ils y font entrer des fuzilliers ou des Archers, & il n'est point de ces machines qui ne puisse contenir sept ou huit personnes assises sur leurs jambes, selon la coutume des Levantins. Celui qui conduit l'Eléphant se met à cheval sur le col : il ne le conduit pas avec une bride ou un frein, & ne le pique pas avec une sorte de pieux, mais avec une grosse verge de fer fort pointue par le bout, dont il se sert au lieu d'éperons, qui est crochue d'un côté, & dont le crochet est extrêmement

fort & pointu, qui fert auffi de bride, en le piquant aux oreilles, au
mufeau, & où ils favent qu'il eft
plus fenfible. Ce fer qui tueroit tout
autre Animal, fait à peine impref-
fion fur la peau de l'Eléphant, &
fouvent même lorfqu'il eft en furie, il ne fuffit pas pour le retenir
en fon devoir. *Voyage Della Vallé,*
*tome* 4.

# DU CASTOR.

## CHAPITRE PREMIER.

*Sur la nature & qualités du Castor.*

LE Castor est un Animal amphi-bie, qui vit tantôt sur terre, tantôt dans l'eau, & ne s'apprivoise jamais. Il ne vit que de feuilles & d'écorces d'arbres : sa nourriture ordinaire & la plus friande est celle de l'écorce de bois de tremble ou d'osier. C'est aussi de celle-ci dont se servent les Sauvages pour appas dans les piéges qu'ils tendent à ces Animaux. Le Castor ressemble assez à la Loutre, mais il est beaucoup plus gros. La couleur de son poil

tire un peu sur celle du Minime.
Son corps beaucoup moins épais
que large est de la grosseur à peu
près de celui d'un de nos gros chiens
bassets qui auroit le ventre applati.
La forme de sa tête seroit assez
semblable à celle d'un rat, dont il
a les yeux & les oreilles, si elle n'é-
toit applatie à peu près comme celle d'un chat, & environ trois fois
aussi grosse que cette derniere. Il a
aussi les joues & le bec d'un liévre,
la langue & la vessie d'un pourceau.
Sa chair qui est blanche & fort délicate à manger, est un peu froide
& a le sang congelé ou noirâtre,
comme celui d'une carpe, d'autant
que cet Animal peut dormir dans
l'eau. Il a encore dans les aines,
tout auprès des testicules, des bourses de la grosseur d'un œuf d'oye qui
contiennent une liqueur si utile à la
Médecine qu'on appelle le Casto-
reum : on trouve de ces bourses
dans les femelles comme dans les

mâles. Le Caftor fe fert de cette liqueur lorfqu'il eft dégoûté pour fe
donner de l'appetit. Il la fait fortir
avec la pate en preffant les tefticu-
les qui la contiennent. Il a quatre
dents incifives, comme les Ecureuils,
les Rats & les autres Animaux qui
aiment à ronger. La longueur de
celles d'en bas eft d'un bon pouce,
& de plus de quatre pour celles
d'en haut, c'eft avec elles que plufieurs de ces petits Animaux enfemble peuvent fcier facilement, & en
peu de tems des arbres d'une grandeur & d'une groffeur énorme avec
lefquels ils font leurs digues.

## CHAPITRE II.

*Des Digues que les Castors construisent.*

IL est bon d'entendre parler là-
dessus les Voyageurs eux-mêmes.
J'ai eu le plaisir, dit un d'eux, de les
y voir travailler. La riviere sur laquelle nous étions étoit fort naviga-
ble. Nous la descendions assez tranquillement sans avoir besoin même
de nous servir de nos avirons, de forte que nous avancions dans ces vas-
tes solitudes sans faire aucun bruit,
étant toujours aux écoutes pour
voir si nous n'entendrions, ou plutôt nous ne verrions point de Castors : nous étions précisément dans
des endroits où il doit y en avoir
beaucoup. Tout étoit plein de digues. Un de nos compagnons qui
tenoit le devant du Canot, en ayant

apperçu un qui nâgeoit tira deſſus, mais n'ayant fait que le bleſſer, nous ne l'eûmes point : ce coup manqué fut cauſe que dans le même inſtant je vis un peu plus loin quantité de ces Animaux s'élancer dans l'eau comme des grenouilles. Pluſieurs eurent la hardieſſe de venir nous approcher en montrant ſeulement leur tête hors de l'eau, ce qui fut cauſe que mes ſauvages & moi tirant d'accord dans le même moment, nous en tuâmes chacun un de ceux qui s'amuſoient un peu trop à plonger & à replonger ; après cet heureux coup nous allâmes à terre, & nous nous enfonçâmes un peu dans le bois pour nous cacher & guetter ces Animaux, qui, ſelon ce qu'il nous étoit facile de prévoir, travailloient à y faire une nouvelle digue. Une heure après je m'aviſai d'aller me promener ſeul ſur le bord de la riviere dans l'eſpérance d'y voir travailler quelques Caſtors. Je ne me trompai

point

point dans cette idée. Mais afin
d'approcher de plus près un endroit où j'avois en débarquant remarqué quelques grands arbres à
moitié coupés , j'avançai doucement, ventre à terre, pour voir sans
être vû, ces Animaux Architectes,
dont j'avois entendu dire tant de
merveilles. J'étois déja assez proche
quand un certain bruit que j'enten-
dis excitant de plus en plus ma cu-
riosité fit que je me dressai derriere
un grand arbre , pour voir plus à
mon aise ce qui le causoit. Ce fut
pour lors que sans branler de ma
place, je vis bien cent de ces Animaux occupés à un travail aussi
admirable que surprenant. Il y en
avoit douze qui serrès les uns contre les autres, & dressés sur leurs
pattes de derriere , scioient ou plutôt coupoient avec leurs dents un
grand arbre d'environ douze pieds
de circonférence, pendant que plus
de cinquante autres étoient occu-

pés à couper & traîner les brancha-
ges d'un autre arbre déja tombé.
C'étoit un vrai plaiſir de voir l'a-
gilité avec laquelle ils conduiſoient
à la nage ces branches. Tantôt je
les voyois ſauter & reſſauter par-
deſſus ces matériaux. Tantôt je ne
voyois plus ni branches ni Caſtors,
& dans d'autres momens je les ap-
percevois en plus grand nombre
ſur la ſurface des ondes, tirant comme en colere ces mêmes brancha-
ges qui leur avoient échappés, &
avec leſquels ils ſe replongoient
juſqu'au fonds de la riviere.

J'en remarquai deux aſſis ſur leur
queue uniquement occupés à regarder les travailleurs, & à les empêcher d'avancer du côté que l'arbre
que l'on coupoit devoit tomber :
pluſieurs autres de même me ſem-
bloient un peu plus loin faire, pour
ainſi dire, l'office d'Inſpecteurs ou
de Piqueurs, pour diligenter l'ouvrage, ſoit en faiſant hâter les pa-

resseux, soit en aidant eux-mêmes à
rouler des pierres, ou tirer leur char-
pente, qui embarrassoit quelquefois
trop les travailleurs, soit en rechar-
geant ceux qui laissoient tomber le
mortier que d'autres leur avoient
déja chargé sur la queue. Dans le
même tems d'autres, comme des especes de Maçons, préparoient ce
même mortier mêlé de terre grasse
que quelques-uns leur apportoient
du fond de la riviere, & d'un peu de
gravier ramassé sur le rivage. Ce
gravier bien pêtri avec ce limon,
tant avec leurs queues qu'avec leurs
pattes, pouvoit dans la suite deve-
nir dur, & se conserver au fond des
eaux comme un ciment capable
d'affermir leurs digues, & un mortier propre à bâtir leurs cabanes.
Ces Animaux ont les pattes fort
courtes, de façon que leur ventre
posant, pour ainsi dire, à terre, ils
ont de la peine à courir. C'est pour-
quoi de crainte d'être pris par les

Chaſſeurs ou par des Animaux qui pourroient leur nuire, ils ne s'écartent jamais à plus de vingt ou trente pas de l'eau. Encore ont-ils des ſentinelles qu'ils poſent à de certaines diſtances pour éviter d'être ſurpris pendant qu'ils ſont occupés à leur travail. Car au moindre cri que font ces ſentinelles à l'approche, tous les travailleurs ſe jettent à l'eau & ſe ſauvent juſqu'à leurs cabanes. C'eſt un fait que j'ai vu, ayant eu beaucoup de peine à le croire ſur le rapport que l'on m'avoit fait, & ſi j'ai été un bon eſpace de tems aſſez proche d'eux ſans en être apperçu, c'eſt un bonheur pour moi, ou un effet du haſard.

Pour revenir à leurs pattes, ils ont les doigts de celles de derriere joints par une membrane, comme ceux d'une oye. Celles de devant ſont ſans membrane, ſemblables à ceux des rats de montagne, & ils s'en ſervent comme d'une main, de même que les Ecureuils ; leurs ongles font courts, taillés de biais, & creux par dedans comme des plumes à écrire.

La queue du Castor tient plus de la nature du poisson que de celle des Animaux terrestres, aussi bien que ses pieds qui en ont le goût. Elle paroît écaillée, mais elle ne l'est point ; car si on veut essayer d'enlever cette sorte d'écaille, formant une pellicule, qui les joint ensemble, il se trouvera que ce n'est qu'une simple peau, ou parchemin d'une seule piece. Cette queue qui a onze & douze pouces de long, est de figure ovale comme une Sole, mais moins platte. C'est le morceau le plus délicat de l'Animal. Le Castor se sert de cette queue & de ses pieds de derriere pour nager ; elle lui sert aussi de battoir pour battre le mortier, ou de truelle quand il veut se bâtir une cabane.

F iij

# CHAPITRE III.

*De l'industrie des Castors à construire
leurs Digues & leurs Maisons.*

L'Instinct de ces Animaux
pour venir à bout de faire leurs
petites maisonnettes a quelque chose qui passe l'imagination ; car enfin pour les construire en figure de
four, ou de grosses ruches à miel,
il faut premiérement qu'ils ayent
l'adresse & la force de faire des trous
au fond de l'eau, afin d'y planter
ensuite quatre ou cinq, & même six
pieux qu'ils ont le soin de placer directement au milieu des rivieres,
lacs, ou étangs, qu'ils arrêtent par
le moyen de leurs digues. 2°. C'est
sur ces pieux qu'ils bâtissent ces petites cabanes faites de terre grasse,
d'herbes & de branches d'arbres.
Elles doivent être sur la surface des

eaux, & ont toujours trois étages pour monter de l'un à l'autre, quand les riviéres croiffent par les pluyes ou par les dégels ; afin que leurs petits n'en foient point incommodés. Leurs planchers font de joncs & chaque Caftor a fa chambre à part : ils entrent dans ces nids par deffous l'eau, où l'on voit un grand trou au premier plancher, environné de bois de tremble coupé par morceaux, qu'ils peuvent tirer facilement dans leurs cellules lorfqu'ils ont envie de manger. Comme c'eft leur nourriture ordinaire, ils ont toujours la précaution d'en faire un grand amas & furtout durant l'Automne, prévoyant que les gelées doivent glacer leurs étangs, & les tenir enfermés deux ou trois mois dans leurs cabanes. C'eft auffi pour cette raifon qu'ils font tant de digues afin que leurs provifions puiffent être arrêtées, & ne point fuivre le courant de l'eau. Ces digues font fi ftables que nos plus habiles Maçons auroient bien de la peine à faire des murailles à chaux & à ciment, qui fuſſent plus fortes. Elles ont quatre & ſouvent plus de cinq cens pas de longueur ſur vingt pieds de hauteur & ſept ou huit d'épaiſſeur. Un pareil ouvrage commencé par une centaine de ces Animaux ſe trouvera fini & parfait au bout de ſix mois de tems, ſans qu'il ſoit beſoin d'un plus grand nombre de travailleurs, tant ils agiſſent avec vivacité & diligence. On diroit à les entendre ſans les voir dans ces occupations, que ce ſont des hommes qui travaillent, ſi on n'étoit perſuadé que ce ſont des Caſtors. Pour moi, continue le Voyageur, je crois ſur ce qui s'eſt paſſé ſous mes yeux que ces Animaux font une ſociété d'une centaine d'entre eux, ſe choiſiſſant un canton pour y vivre ſéparément des autres Caſtors. Il ſemble même qu'ils ſe parloient pendant que je les voyois travailler, & qu'ils raisonnoient ensemble par des tons plaintifs & dolens, à peu près comme ceux que nous font entendre quelquefois nos poules & nos canards, avec cette distinction néanmoins, que ces Amphibies me sembloient attentifs aux différens sons de voix les uns des autres pour agir conformément à l'intention de ceux qui s'exprimoient par leurs petits tons non articulés. Ce qui est certain du moins, c'est qu'ils s'entendent bien entr'eux.

Ces laborieux Animaux avant de construire leurs digues examinent premiérement les bords des petites rivieres afin de voir s'ils n'y trouveront point des deux côtés d'assez grands arbres vis-à-vis les uns des autres pour qu'ils puissent les croiser par leur chute.

Il n'importe pour la grosseur, car, ainsi qu'on l'a déja dit, les plus gros ne leur font point de peur : au

contraire ce font les meilleurs, &
ceux aufquels ils femblent s'attacher le plutôt ; mais pour en venir
à bout avec plus de facilité, ils ont
l'inftinct d'obferver auparavant de
quel côté donne le vent afin d'en
profiter ; ce qui leur eft indifférent
d'ailleurs pour leur ouvrage : car fi
les vents changent de face, les Caftors quittent auffi-tôt leur entrepri-
fe de ce côté pour aller faire le même travail d'un autre, pourvu néanmoins qu'ils leur foient favorables,
& puiffent les aider à renverfer leurs
arbres en travers. Et fi les vents ne
changent pas, ils s'occupent à couper avec leurs dents incifives les branches de ceux qui font déja tombés,
& à les entrelaffer les unes dans les
autres. Enfuite ils fe chargent d'herbes & de mortier, qu'ils traînent
fur leur queue, & les jettent entre
ces bois avec tant d'art & d'induftrie, que les plus habiles en ma-
çonnerie auroient bien de la peine

à faire un édifice qui fût, pour son
épaisseur, aussi ferme & aussi per-
manent que l'est celui de ces Animaux.

Si les Castors se trouvent dans un
lieu où il y ait une grande quantité
de bois de tremble pour subvenir
en cas de besoin à leurs provisions,
& que ce lieu soit seulement tra-
versé d'un ruisseau ; ils se détermi-
nent sur le champ à y faire des digues
& des chaussées de la maniere que
l'on a dit, lesquelles arrêtant le cours
de l'eau , causent une inondation
dans cet endroit , qui a quelquefois
deux lieues de circonférence. L'Auteur ajoute , qu'il marcha un peu-
avant sur une de leurs digues quoiqu'elle ne fût qu'imparfaite , & que
l'eau passât à travers en beaucoup
d'endroits. Je croyois , dit-il , à la
voir par en haut, qu'elle n'avoit que
trois pieds de large ; mais le Sauvage
qui m'accompagnoit me fit voir

avec fa perche qu'elle pouvoit avoir
plus de douze pieds d'épaiffeur dans
le fond de l'eau.

## *Les Caftors n'ont que les hommes à craindre.*

Ce qu'il y a de remarquable à l'é-
gard des Caftors, c'eft que tous les
autres Animaux qui font fur la terre & dans la mer en ont d'autres
à craindre, quelque forts, agiles
& vigoureux qu'ils foient ; mais
les Caftors n'ont uniquement
que les hommes à appréhender ;
car les Loups, les Renards, les
Ours, n'ont garde d'aller les attaquer dans leurs cabanes, quand
même ils auroient la faculté de
plonger. Et il eft fûr qu'ils n'y
trouveroient pas leur compte d'autant que les Caftors s'en déferoient
aifément avec leurs dents tranchantes. Il n'y a donc qu'à terre qu'ils

pourroient être insultés , & c'est
ce qui fait que quoiqu'ils ne s'écartent jamais beaucoup du bord de
l'eau , ils ont des sentinelles qui
crient lorsqu'ils entendent le moindre bruit. *Le Beau, tome* I.

# DU DAUPHIN.

## CHAPITRE PREMIER.

### *De la nature du Dauphin.*

L E Dauphin est le plus célébre de tous les poissons. Les Anciens n'en ont parlé qu'avec des termes d'admiration. Il n'en est point, selon eux qui nage avec plus de vîtesse & de légéreté : il passe le vol d'un oiseau, & il atteint presque à la rapidité du trait : il est le seul qui ne puisse pas vivre, la tête dans l'eau. Lorsqu'il plonge pour attraper les poissons, dont il fait sa proye, il

*Plin. 9. 8. Strab. 15. 119. Æliant 12. 12.*

revient avec tant d'agilité, qu'on en voyoit s'élever par-deſſus les voiles d'un Navire : il aime à s'approcher des hommes. Il joue agréablement devant les vaiſſeaux, & a une ſorte de cri ſemblable à un gémiſſement de tendreſſe. Ils diſent tous que cet Animal étoit commun dans la mer des Indes, dans l'Archipel, & dans l'Océan Atlantique. Ils lui attribuent un inſtinct de douceur & de reconnoiſſance qui pourroit aller de pair avec les plus beaux ſentimens de l'humanité. Enfin les Mythologues ont étendu leurs fictions juſques ſur cet Animal, dont ils ont fait une conſtellation.

Mais les Naturaliſtes modernes prétendent que le Dauphin eſt un Animal imaginaire, qui n'exiſta jamais dans la nature tel qu'on le dépeint. Ils veulent que ce ſoit le Porc marin, ou le Thon, ou la Lamie, ou le Lamantin ; & il eſt vrai qu'on ne voit aujourd'hui aucun poiſſon qui reſſemble au Dauphin

tel qu'il eſt dépeint dans les Armoi-
ries & ſur la Couronne du Premier
Fils de France : les meilleurs Auteurs qui en ont donné la figure le
repréſentent à peu près de la figure
du Thon ou du Marſouin ; il eſt
conſtant que ceux-ci font pluſieurs
choſes qui approchent de la fami-
liarité qu'on attribue au Dauphin.
Et il ſeroit abſurde de penſer que
tout ce que tant d'Ecrivains ont dit
de cet Animal fuſſent autant de fables & d'impoſtures.

Voici ce qu'en dit Corneille le
Bruyn, un des meilleurs & des plus
ſinceres Voyageurs que nous ayons.
Près de Mangeloor nous prîmes le
30 Novembre 1705 des Dauphins,
tant avec des harpons qu'avec des
hameçons. On attache à ceux-ci un
paquet de petites plumes, & on les
jette en mer au bout d'un cordeau
qui tient à une perche. Les Dauphins qui prennent ces petites plumes pour des poiſſons volans dont

ils se repaissent, voltigent continuellement autour du vaisseau , jusqu'à
ce qu'ils soient pris. Cela est d'autant moins extraordinaire que ces
petits poissons qui craignent les
Dauphins volent autant qu'ils
peuvent au - dessus de la surface
de la mer , & le font même assez
loin : mais comme ils se replongent
souvent dans l'eau , les Dauphins
s'en saisissent , comme je l'ai vu souvent. J'en ai conservé trois dans l'esprit de vin , qui étoient tombés en
volant sur le tillac de notre vaisseau,
chose fort extraordinaire. Nous pri-
mes un de ces Dauphins qui avoit
quatre pieds de long, & la tête grosse
de dix pouces. Ils ont le ventre jaune
tacheté de bleu jusqu'aux yeux : le
reste en est d'un bleu clair avec des
taches d'un bleu plus foncé, surtout
autour de la tête. Les nageoires en
font violettes, vertes & blanches
avec du jaune aux extrémités. Ils
changent de couleur en mourant,

& reſſemblent à de la porcelaïne,
Ils ont une nageoire ſur le dos depuis le coû juſqu'à la queue : deux
autres ſur le ventre proche du coû,
& une autre à chaque côté de la
tête ; la queue fourchue & la pru-
nelle de l'œil entourée d'un cercle
blanc avec une petite bouche & de
petites dents. Au reſte la tête des
mâles eſt beaucoup plus groſſe que
celle des femelles, & ils ont plus
d'inteſtins. On les mange apprêtés
comme la Merluche, & ils ont
aſſez bon goût. Selon la figure qui
eſt repréſentée au même endroit,
& deſſinée de la main de l'Auteur,
le Dauphin a la tête écraſée comme
la Solle, mais ronde, & proportionnée à un poiſſon de quatre pieds,
le corps preſque ſemblable à l'Eſ-
turgeon, l'arête extérieure du dos
de même qu'à la perche, & la queue
fourchue comme celle des Maque-
reaux.

# CHAPITRE II.

*Qualités admirables du Dauphin, &*
*dont les Histoires anciennes font*
*mention.*

ON attire aisément le Dauphin
sur le rivage par le chant ou le
son d'un instrument de Musique,
ou l'appas de quelque nourriture.
Il reconnoît ceux qui lui font du
bien, & s'afflige quand il les voit
se retirer. On a peint & admiré avec
plaisir l'Histoire qui arriva sous
l'Empire d'Auguste, & qui fut attes-
tée par Mécenas, & plusieurs grands
hommes de ce siécle. Un Enfant de
Baies obligé d'aller souvent à Pou-
zolle aux Ecoles publiques avoit
apprivoisé un Dauphin, en passant
le Golphe qui séparoit les deux Villes. Le poisson remarqua le tems où

le jeune homme venoit s'embarquer, & l'attendit fur le rivage. Il joua longtems auprès de lui pour gagner fon amitié & fa confiance. Il l'engagea par fes mouvemens à monter fur fon dos, & le tranfporta à l'autre bord. Après la claffe de l'Ecolier, le Dauphin vint le prendre & le remit au port de Baies. Cet exercice continua fans interruption pendant plufieurs années, & toute la Ville accouroit pour en être témoin : mais l'enfant ayant été attaqué d'une maladie dont il mourut, le Dauphin erroit fans ceffe fur le rivage, & ne voyant plus venir celui qu'il aimoit, il fe laiffa mourir de langueur.

La même chofe arrivée en plufieurs endroits devient plus croyable. On l'a vu à Alexandrie fous Ptolomée Philadelphe avec des circonftances particulieres. Un Dauphin s'approcha d'une compagnie de jeunes gens qui fe baignoient dans la mer, & après les avoir tous examinés, il s'attacha à celui qui étoit le plus beau. Il vint auprès de lui, & d'abord le jeune homme en fut effrayé ; mais voyant que le poiſ-ſon cherchoit à lui plaire il ſe raſſu-ra, il monta ſur ſon dos, & ſe pro-mena longtems dans la mer, en le conduiſant comme il vouloit. Il y revint à différentes repriſes, & cet exercice fut un ſpectacle public. Malheureuſement il donna autant d'affliction qu'il avoit cauſé de plai-ſir. Un jour le Dauphin manqua de coucher aſſez bas les arêtes qu'il a ſur ſon dos ; il en entra une dans la chair de celui qu'il portoit qui lui perça une veine, & lui fit perdre tout ſon ſang. Le poiſſon ſentant le jeune homme ſans connoiſſance le ramena ſur le bord, & le voyant prêt à expirer, il voulut s'en punir lui-même, & demeura ſur le ſable, où il mourut.

Cæranus Négociant de Paros, *Ælian l.* 3. *c.* 3.

vit à Bizance des Pêcheurs qui avoient pris des Dauphins, & qui se préparoient à les égorger. Il les acheta, & les fit remettre dans la mer. L'instinct leur inspira tout ce qu'auroit pu leur dicter la raison. Ils s'attacherent au vaisseau de Cæranus qui revenoit en Grece, le sauverent du naufrage que fit son Navire, & le conduisirent à Paros. Cæranus conserva depuis une forte de commerce avec eux. Quand il fut mort ses parens l'inhumerent sur le bord de la mer. On ne sçait comment les Dauphins en eurent connoissance. Ils s'approcherent du bucher le plus qu'il fut possible & y demeurerent jusqu'à ce qu'il fut consumé, comme pour assister à ses funérailles.

# DES PIGEONS

*Messagers, ou Courriers Porteurs de Lettres.*

LES Bachas de Turquie, & autres, ont une maniere admirable pour donner des avis en diligence, par le moyen des Pigeons, dans des lieux écartés ou inaccessibles; & tout comme le Tasse le décrit dans son Poëme *de la Jerusalem délivrée.* Pline même entre plusieurs anciennes Histoires, en rapporte une arrivée en Italie parmi les Romains pendant le Siége de Modene. Pour confirmer cette vérité, voici ce que rapporte Pietro Della Vallé dans ses Voyages en Turquie, en Egypte, dans la Palestine, en Perse, & aux Indes Orientales.

Ces jours paſſés un *Chiaoux* eut ordre, de la part du premier *Viſir* qui demeure à *Alep*, d'aller au Caire pour demander des Troupes au *Bacha*, par un Arabe qui y alla à piéd. Et en même tems le Gouverneur du lieu envoya les nouvelles au même *Bacha* par un Pigeon qui y arriva en un jour, & ſçut d'abord ce qui ſe paſſoit, c'eſt-à-dire, la ſubſtance de ce que le Meſſager portoit. Cet homme cependant qui devoit arriver en ſix jours, parce que cela eſt reglé ; ſix journées d'un homme de pied vont toujours pour une de Pigeon ; je ne ſai par quel accident, demeura deux jours davantage ſur le chemin avec ſes Lettres, tellement qu'on ne l'attendoit preſque plus : à la fin néanmoins il arriva, & comme j'avois été préſent à tout ceci, je voulus, par curioſité, ſçavoir à fond cette Hiſtoire, & voici ce que j'en ai appris. Ils ont partout des colombiers exprès :

or

or celui du Caire étoit dans le Château où demeure le Bacha. Ces colombiers sont sous la conduite de quelques hommes qui en ont soin, & qui y nourrissent plusieurs couples de Pigeons mâles & femelles appariés depuis quelques mois ; mais de tems en tems ils les séparent, & retenant les femelles dans le colombier, ils envoyent les mâles dans des cages deçà & delà, en plusieurs Villes, d'où ils peuvent espérer quelquefois des nouvelles, ou avec lesquelles ils sont en correspondance ; & là, ils sont conservés par ceux qui en ont soin ; & quand les affaires obligent de donner quelque avis au Caire, ou en quelque autre Ville, on prend un de ces Pigeons mâles désappariés, parce que l'homme qui les gouverne connoît fort bien quel est celui du colombier du Caire, & quel est celui du colombier d'une autre Ville où il faut porter la nouvelle ; & ayant

G

écrit fuccinctement le fujet de cete
Ambaffade fur un petit morceau de
papier, on le plie adroitement, &
pour fe précautionner contre la
pluye, ou les autres eaux qui pourroient ruiner leurs deffeins, ils le
couvrent de cire, le lient enfuite
fous l'aîle du Pigeon, & le matin
fuivant, après lui avoir donné du
grain tout fon faoul de peur qu'il
ne s'arrête ailleurs, ils le lâchent,
& le Pigeon s'en va droit au colombier où eft fa femelle. Or, comme on
l'a déja dit, il fait en un jour le trajet qu'un homme de pied ne fçau-
roit faire qu'en fix, & ne fe repofe
jamais. Si le chemin eft plus long,
il fe repofe lorfque les forces lui
manquent ; mais enfin il va toujours & ne manque point d'arriver
à point nommé dans cet efpace de
tems. Etant parvenu au colombier, celui qui en a foin & qui le
vifite fouvent, reconnoît le Pigeon
d'abord ; & l'ayant pris à quelque

heure qu'il le trouve, fans ofer le
vifiter davantage, il le porte im-
mediatement au Bacha, ou au Gouverneur de la ville qui y fera, ou
à celui qui commande dans le lieu
lequel coupe le filet, lit le papier
& donne ordre que le Pigeon foit
remis dans le colombier jufqu'à ce
qu'on le renvoye dehors une autre
fois, afin que dans une femblable
occafion, il puiffe raporter des
nouvelles. *De la Vallé tome I,*

# CHAPITRE IV.

*De certaines Fourmis de la Côte d'Or.
De leurs Loges, & des ravages
qu'elles font.*

L E s Fourmis font leurs nids ou leurs loges au milieu des champs & fur les collines. Ces habitations qu'elles compofent avec un art admirable font quelquefois de la hauteur d'un homme. Elles fe bâtiffent auffi de grands nids fur des arbres fort élevés & fouvent elles viennent de ces lieux dans les forts Hollandois en fi grand nombre, qu'elles mettent les Facteurs dans la néceffité de quitter leurs lits. Leur voracité eft furprenante. Il n'y a point d'Animal qui puiffe s'en déffendre, elles ont fouvent dévoré des Moutons & des Chevres. Bofman rapporte que dans l'efpace d'une nuit elles lui ont mangé un Mouton avec tant de propreté que le plus habile Anatomiſte n'en auroit pas fait un ſi beau Squelette ; un poulet n'eſt pour elles que l'amuſement d'une heure on deux.

Les Fourmis ſont de pluſieurs ſortes, grandes, petites, blanches, noires & rouges. L'aiguillon de ces dernieres cauſe une inflammation très - violente & très - douloureuſe. Les blanches ſont auſſi tranſparentes que le verre & mordent avec tant de force, que dans l'eſpace d'une nuit elles s'ouvrent le paſſage dans un coffre de bois fort épais en y faiſant autant de trous que s'il avoit été percé d'une décharge de petit plomb. Aux environs d'Acra leur nombre eſt prodigieux : elles y font des nids de dix ou douze pieds de haut. La forme en eſt pyramidale & la compoſition ſi ferme & ſi ſolide qu'il n'eſt pas aiſé de les détruire ; on y est étonné, en les démolissant, de la variété des loges & des divisions qu'on y découvre. Les unes sont remplies de provisions, quelques-unes d'excremens, & d'autres servent uniquement d'habitations. Smith dit qu'elles bâtissent leurs nids en élevant de petits monts de la hauteur de sept ou huit pieds ; mais si pleins de trous qu'on les prendroit pour des gauffres de miel. La circonférence de ces édifices est petite à proportion de leur hauteur. Le sommet est si pointu que le moindre vent paroît capable de l'abbatre. Un jour l'Auteur entreprit d'en briser un avec sa canne, & aussi-tôt des milliers de Fourmis coururent à la porte de son logis. Il prit le parti de la fuite, se souvenant que ces insectes avoient souvent attaqué des poules & quelquefois des moutons avec tant de succès que dans l'espace d'une nuit, elles n'y avoient laissé que les os.

Il ajoute fur fa propre experience que la morfure d'une Fourmi noire caufe des douleurs inexprimables, quoiqu'elle n'ait pas d'autre chef dangereux.

On diftingue aifément à la tête de leurs bataillons trente ou quarante guides qui furpaffent les autres en groffeur & qui dirigent leur marche. Leurs exécutions fe font ordinairement la nuit, elles vifitent fouvent les Européens dans leurs lits & les forcent de fe mettre à couvert dans quelque autre lieu. S'ils oublient derriere eux quelques provifions de bouche, ils doivent être fûrs que tout fera dévoré avant le jour. L'armée des Fourmis fe retire avec beaucoup d'ordre & toujours chargée de quelque buttin.

Pendant le féjour que l'Auteur fit au Cap un grand corps de Fourmis vint au Château. Il étoit prefque jour lorfque l'avant-garde entra dans la Chapelle où quelques

domestiques Negres étoient endormis sur le plancher. Ils furent re-
veillés à leur arrivée & l'Auteur s'é-
tant levé au bruit, eut peine à revenir de son étonnement. L'arriere-
garde étoit encore à la distance
d'un quart de mille. Après avoir
tenu conseil sur cet incident on
prit le parti de mettre une longue
traînée de poudre sur le sentier que
les Fourmis avoient tracé & dans
tous les endroits où elles commençoient à se disperser, on en fit sau-
ter ainsi plusieurs millions qui
étoient déja dans la Chapelle. L'ar-
riere-garde ayant reconnu le danger, tourna tout d'un coup & re-
gagna directement ses habitations.

Si les Fourmis n'ont point un
langage, comme les Negres & plusieurs Européens se le font imagi-
nés; on ne peut douter, ajoute l'Auteur, qu'elles n'ayent quelque maniere de se communiquer leurs in-
tentions. Il s'en convainquit par

l'expérience fuivante. Ayant dé-
couvert, à quelque diftance des nids,
quatre Fourmis qui paroiffoient
être à la chaffe, il tua un Cockroach
& le jetta fur le chemin. Elles paf-
ferent quelques momens à reconnoître fi c'étoit une proye qui leur
convînt. Enfuite une d'entr'elles fe
détacha pour porter l'avis à leur
habitation , tandis que les autres
demeurerent à faire la garde autour
du corps mort. Bien-tôt l'Auteur
fut furpris d'en voir paroître un
grand nombre qui vinrent droit au
corps, & qui ne tarderent point à
l'entraîner. Dans d'autres occafions
où il prit plaifir à renouveller la même expérience ; il obferva que fi le
premier détachement ne fuffifoit
pas pour la pefanteur du fardeau,
les Fourmis renvoyoient un fecond
meffager qui revenoit avec un ren-
fort. *Voy. de Smith. tom. Hift. Gén.*
*des Voy.*

# CHAPITRE V.

## *Sur la connoissance que doivent avoir les Bêtes.*

IL n'est pas possible de concevoir que les Animaux ou les Bêtes ne soient que de simples machines, ainsi que l'a prétendu Descartes.

Ce systeme a révolté toutes les personnes qui refléchissent, car comment concevoir que des ressorts seuls préfident à la prévoyance, à l'adresse, à la finesse & aux rufes fur lesquelles plusieurs Animaux donnent aux hommes des leçons? Comment comprendre que les resforts font qu'un Chien distingue son Maître entre plusieurs personnes, qu'il ne prend jamais le change, qu'il le careſſe, qu'il le défend lorſqu'il eſt attaqué, qu'il lit dans ſes yeux, qu'il reçoit ſes leçons & les pratique, qu'il fait ſentinelle lorſque ce Maître dort en plein champ? Allons plus loin. Comment concevoir que ce chien, pure machine, par l'unique effet des reſſorts donne tous les ſignes les plus évidens de l'attachement au point de reſter ſur la tombe de ſon Maître, de refuſer toute nourriture & de paroître pénétré d'une vive douleur pendant pluſieurs jours, quoiqu'il n'en ait fallu qu'un aux enfans du défunt pour ſe conſoler de ſa perte.

Je défie à tous les Cartéſiens du monde de perſuader à quelqu'un & particuliérement à tous ceux qui ont un Chien dont ils ont lieu d'être ſatisfaits à cauſe de ſon adreſſe & de ſon attachement, que leur Chien n'eſt qu'une machine. Comprenez le ridicule qui en reſulte-

roit pour tout ce que nous ſommes qui aimons des Chevaux, des
Chiens, des Oiſeaux. Repréſentez-
vous un homme qui aimeroit ſa
montre comme on aime un Chien,
& qu'il careſſeroit par ce qu'il s'en
croiroit aimé au point que quand
elle marque midi & une heure, il
ſe perſuaderoit que c'eſt par un ſentiment d'amitié pour lui, & avec
connoiſſance de cauſe qu'elle fait
ſes mouvemens. Voilà préciſement,
ſi l'opinion de Deſcartes étoit vraie,
la folie de tous ceux qui croyent
que leurs Chiens leur ſont attachés
& les aiment avec connoiſſance, &
ce qu'on appelle ſentiment.

On voit pluſieurs Animaux &
entre autres les Chiens ſe purger
par le ſecours de quelques herbes
qu'il vont chercher. Les Moineaux
ſe purgent auſſi & purgent leurs petits avec des araignées ou d'autres
inſectes. Les Pigeons & beaucoup
d'Oiſeaux mangent du gravier pour

faciliter leur digeftion. Ce font,
dit-on, les Cicognes qui ont appris
à l'homme l'ufage des clyfteres.

Le Lecteur fera fans doute bien
aife qu'à cette occafion on lui re-
mette fous les yeux cet endroit des
Fables de la Fontaine, où ce celébre
Poëte a fait voir avec fon enjoue-
ment inimitable combien le fyfte-
me de Defcartes fur la nature des
Bêtes lui paroiffoit abfurde.

. . . . . . . Ne trouvez pas mauvais,
Qu'en ces Fables . . . j'entremêle des traits
    De certaine Philofophie
    Subtile, engeante & hardie.
On l'apélle nouvelle. En avez-vous ou non
    Oüi parler ? Ils difent donc
    Que la Bête eft une machine;
Qu'en elle tout fe fait fans choix & par
    refforts :
Nul fentiment, point d'ame, en elle tout
    eft corps.
    Telle eft la Montre qui chemine,
A pas toujours égaux, aveugle & fans deffein.
    Ouvrez-la, lifez dans fon fein :

Mainte roue y tient lieu de tout l'eſprit du
monde.

La premiere y meut la ſeconde,
Une troiſiéme ſuit , elle ſonne à la fin.
Au dire de ces gens la Bête eſt toute telle :
L'objet la frappe en un endroit :
Ce lieu frappé s'en va tout droit
Selon nous au voiſin en porter la nouvelle:
Le ſens de proche en proche auſſi-tôt la re-
çoit.

L'impreſſion ſe fait , mais comment ſe fait-
elle ?
Selon eux par néceſſité ,
Sans paſſion , ſans volonté :
L'animal ſe ſent agité
De mouvemens que le vulgaire appelle
Triſteſſe , joie , amour , plaiſir , douleur
cruelle ,
Ou quelque autre de ces états ;
Mais ce n'eſt point cela ; ne vous y trompez
pas.
Qu'eſt-ce donc ? Une Montre. Et nous ?
C'eſt autre choſe.
Voici de la façon que Deſcartes l'expoſe ,
Deſcartes ce mortel dont on eût fait un Dieu
Chez les Payens , & qui tient le milieu,

Entre l'homme & l'efprit, comme entre
  l'huître & l'homme
Le tient tel de nos gens, franche bête de
  fomme.
Voici, dis-je, comment raifonne cet Auteur,
Sur tous les Animaux enfans du Créateur,
J'ai le don de penfer, & je fais que je penfe,
Or vous favez, Iris, de certaine fcience.
    Que quand la Bête penferoit,
      La Bête ne réfléchiroit
    Sur l'objet, ni fur fa penfée.
Defcartes va plus loin, & foutient nettement,
    Qu'elle ne penfe nullement.
      Vous n'êtes point embarraffée
De le croire ? ni moi. Cependant quand
  aux bois
        Le bruit des Cors, celui des voix
N'a donné nul relâche à la fuyante proie,
      Qu'envain elle a mis fes efforts
      A confondre & brouiller la voie,
L'animal chargé d'ans, vieux Cerf, & de
  dix cors,
En fuppofe un plus jeune, & l'oblige par
  force,
A préfenter aux chiens une nouvelle amorce.
Que de raifonnemens pour conferver fes
  jours !

Le retour sur ses pas, les malices, les tours,
    Et le change, & cent stratagêmes
Dignes des plus grands chefs, dignes d'un
    meilleur sort !
      On le déchire après sa mort ;
      Ce sont tous ses honneurs suprémes.

      Quand la Perdrix
      Voit ses petits
En danger, & n'ayant qu'une plume nou-
    velle,
Qui ne peut fuir encor par les airs le trépas,
Elle fait la blessée, & va traînant de l'aîle,
Attirant le Chasseur & le Chien sur ses pas,
Détourne le danger, sauve ainsi sa famille ;
Et puis quand le Chasseur croit que son
    Chien la pille,
Elle lui dit adieu, prend sa volée, & rit
De l'homme, qui confus, des yeux en
    vain la suit.

      Non loin du Nord il est un monde,
      Où l'on sait que les habitans
      Vivent ainsi qu'aux premiers tems,
      Dans une ignorance profonde :
Je parle des humains : car quant aux Ani-
    maux,
      Ils y construisent des travaux,

Qui des torrens groffis arrêtent le ravage,
Et font communiquer l'un & l'autre rivage.
L'édifice réfifte, & dure en fon entier;
Après un lit de bois, eft un lit de mortier:
Chaque Caftor agit: commune en eft la tâ-
che :
Le vieux y fait marcher le jeune fans relâ-
che.
Maint maître d'œuvre y court, & tient haut
le bâton.

   La République de Platon,
   Ne feroit rien que l'apprentie
   De cette famille amphibie.

Ils favent en hyver élever leurs maifons,
   Paffent les Etangs fur des ponts,
   Fruit de leur art, favant ouvrage;
   Et nos pareils ont beau le voir,
   Jufqu'à préfent tout leur favoir
   Eft de paffer l'onde à la nage.

Que ces Caftors ne foient qu'un corps vuide
d'efprit,
Jamais on ne pourra m'obliger à le croire :
Mais voici beaucoup plus : écoutez ce recit,
   Que je tiens d'un Roi plein de gloire.
Le défenfeur du Nord vous fera mon garant:
Je vais citer un Prince aimé de la Victoire :
Son nom feul eft un mur à l'Empire Otto-
man :

C'eſt le Roi Polonois, jamais un Roi ne ment.
     Il dit donc que ſur ſa frontiere
Des animaux entr'eux ont guerre de tout
  tems :
Le ſang qui ſe tranſmet des peres aux enfans,
     En renouvelle la matiere.
Ces animaux, dit-il, ſont germains du Re-
  nard.
          Jamais la guerre avec tant d'art
          Ne s'eſt faite parmi les hommes,
          Non pas méme au ſiécle où nous
ſommes.
Corps de garde avancé, vedettes, eſpions,
Embuſcades, partis, & mille inventions
D'une pernicieuſe & maudite ſcience,
          Fiile du Styx, & mere des Héros,
          Exercent de ces animaux
          Le bon ſens & l'expérience.
Pour chanter leurs combats, l'Acheron
  nous devroit
          Rendre Homere. Ah s'il le rendoit,
Et qu'il rendît auſſi le (1) Rival d'Epicure !
Que diroit ce dernier ſur ces exemples-ci ?
Ce que j'ai déja dit, qu'aux Bêtes la nature
Peut par ſes ſeuls reſſorts opérer tout ceci;
          Que la mémoire eſt corporelle;
(1) *Deſcartes.*

Et que pour en venir aux exemples divers
    Que j'ai mis au jour dans ces vers,
    L'animal n'a befoin que d'elle.
L'objet lorfqu'il revient, va dans fon ma-
gafin.
    Chercher par le même chemin
    L'image auparavant tracée,
Qui fur les mêmes pas revient pareillement,
    Sans le fecours de la penfée,
    Caufer un même événement.
    Nous agiffons tout autrement.
    La volonté nous détermine,
Non l'objet : ni l'inftinct. Je parle, je che-
mine :
    Je fens en moi certain agent :
    Tout obéit dans ma machine
    A ce principe intelligent.
Il eft diftinct du corps, fe conçoit nette-
ment,
    Se conçoit mieux que le corps même.
De tous nos mouvemens c'eft l'arbitre fu-
prême.
    Mais comment le corps l'entend-il?
    C'eft-là le point : je vois l'outil
Obéir à la main : mais la main, qui laguide?
Eh qui guide les Cieux, & leur courfe
rapide ?

Quelqu'Ange eſt attaché peut-être à ces
    grands corps.
Un Eſprit vit en nous , & meut tous nos
    reſſorts :
L'impreſſion ſe fait , le moyen , je l'ignore.
On ne l'apprend qu'au ſein de la Divinité ,
Et s'il faut en parler avec ſincérité ,
        Deſcartes l'ignoroit encore.
Nous & lui , là-deſſus , nous ſommes tous
    égaux.
Ce que je ſais , Iris , c'eſt qu'en ces animaux
        Dont je viens de citer l'exemple ,
Cet Eſprit n'agit pas , l'homme ſeul eſt
    ſon temple.
Auſſi faut-il donner à l'animal un point ,
        Que la plante après tout n'a point.
        Cependant la plante reſpire :
Mais que répondra-t'on à ce que je vais dire ?

Deux Rats cherchoient leur vie , ils trouve-
    rent un œuf.
Le diné ſuffiſoit à gens de cette eſpéce ,
Il n'étoit pas beſoin qu'ils trouvaſſent un
    Bœuf.
        Pleins d'appétit & d'allégreſſe ,
Ils alloient de leur œuf manger chacun ſa
    part ;

Quand un Quidam parut. C'étoit maître
  Renard :
      Rencontre incommode & fâcheuse.
Car comment sauver l'œuf ? Le bien em-
  paqueter ,
Puis des pieds de devant ensemble le porter,
      Ou le rouler , ou le traîner ,
C'étoit chose impossible , autant que hazar-
  deuse.
      Nécessité l'ingénieuse
      Leur fournit une invention.
Comme ils pouvoient gagner leur habitation,
L'écornifleur étant à demi quart de lieue ;
L'un se mit sur le dos, prit l'œuf entre les bras.
Puis , malgré quelques heurts & quelques
  mauvais pas ,
      L'autre le traîna par la queue.
Qu'on m'aille soûtenir , après un tel recit ,
      Que les Bêtes n'ont point d'esprit.

      Pour moi , si j'en étois le maître ,
Je leur en donnerois aussi bien qu'aux enfans.
Ceux-ci ne pensent-ils pas dès leurs plus
  jeunes ans ?
Quelqu'un peut donc penser , ne se pou-
  vant connoître.
      Par un exemple tout égal ,

J'attribuerois à l'animal,
Non point une raiſon ſelon notre maniere :
Mais beaucoup plus auſſi qu'un (1) aveugle
reſſort.

# CHAPITRE VI.

*Duel ou Combat d'un Chien entre un
Gentil-homme de la Cour du Roi
Charles V. dit le Sage.*

AUTREFOIS les Princes Sou-
verains permettoient le duel
lorſqu'il s'agiſſoit de crime capital
commis ſecrettement, mais l'avanture ſuivante eſt bien plus étrange,
qu'on ait accordé le combat à une
bête contre un homme & contraint
un homme d'entrer en combat &
à ſe meſurer avec une Bête. L'Hiſtoire en eſt admirable, & on la voit

(1) Tel que Deſcartes *l'attribue* à tous
les Animaux différens de l'Homme.

peinte ſur le manteau d'une des cheminées de la grande Salle du Château de Montargis, le Roi Charles V. ayant eu ſoin de l'y faire repréſenter pour une marque des jugemens de Dieu admirables.

Il y avoit un Gentil-homme que quelques-uns qualifient avoir été Archer des Gardes du Roi, & que je crois plutôt devoir nommer un Gentil-homme ordinaire ou un Courtiſan, parce que l'Hiſtoire Latine dont on a tiré ceci le nomme *Aulicus*, il eſt nommé par quelques Hiſtoriens le Chevalier Macaire. Cet homme étant envieux de la faveur que le Roi portoit à un de ſes Compagnons nommé Aubri de Mondidier l'épia ſi ſouvent qu'enfin il l'attrapa dans la forêt de Bondi accompagné ſeulement de ſon Chien que quelques Hiſtoriens & notamment le Sieur d'Audiguier diſent avoir été un Levrier d'attache, & trouvant l'occaſion favo-

rable pour satisfaire sa fureur, le tua
& puis l'enterrra dans la forêt, se
sauva après le coup & revint à la
Cour faire bonne contenance. Le
Chien de son côté ne bougea jamais de dessus la fosse où son Maître avoit été mis jusqu'à ce que la
faim devorante le contraignit de
venir à Paris où le Roi étoit, pour
demander du pain à un ami de feu
son Maître, & puis il s'en retournoit sur le champ au lieu où son
Maître étoit enterré. Continuant
assez souvent cette façon de faire,
quelques-uns de ceux qui le virent
aller & venir tout seul hurlant &
se plaignant & semblant par des
aboys extraordinaires vouloir découvrir sa douleur & déclarer le
malheur de son Maître, le suivi-
rent dans la forêt & observant
exactement tout ce qu'il feroit, virent qu'il s'arrêtoit sur un lieu où
la terre paroissoit avoir été remuée,
ce qui les ayant obligés d'y faire
                        fouiller,

fouiller, ils y trouverent le corps mort, lequel ils honorerent d'une plus digne sepulture sans pouvoir découvrir l'auteur d'un si exécrable crime. Comme donc ce pauvre Chien étoit demeuré à quelques-uns des parens du défunt & qu'il les suivoit, il apperçut fortuitement le meurtrier de son premier Maître & l'ayant choisi au milieu de tous les autres Gentils-hommes, il l'attaqua avec grande violence, lui sauta au collet & fit tout ce qu'il put pour le mordre & pour l'étrangler. On le bat, on le chasse, il revient toujours, & comme on l'empêche d'approcher, il se tourmente & aboye de loin, adressant ses menaces du côté qu'il sent que s'est sauvé l'assassin. Mais comme il continuoit ses assauts toutes les fois qu'il rencontroit cet homme, on commença de soupçonner quelque chose du fait, d'autant que cet animal plus reconnoissant &

H

plus fidéle envers son Maître que
n'auroit été un autre serviteur n'en
vouloit qu'au meurtrier & ne cessoit
de lui vouloir courir sus pour en
tirer vengeance. Le Roi étant aver-
ti par quelques-uns des siens de
l'obstination de ce Chien qui avoit
été reconnu appertenir au Gentil-
homme qu'on avoit trouvé enterré,
voulut voir les mouvemens de cette
pauvre Bête. L'ayant donc fait venir devant lui il commanda que le
Gentil - homme soupçonné de ce
crime , se cachât au milieu de tous
les Courtisans qui étoient alors en
grand nombre ; alors le Chien avec
sa furie accoutumée alla choisir
son homme entre tous les autres.
Et comme s'il se fût senti assisté de
la présence du Roi , il se jetta plus
furieusement sur lui & par un pi-
toyable aboy sembloit crier vengeance, & demander justice à ce
sage Prince. Il l'obtint aussi, car
ce cas lui ayant paru étonnant &

extraordinaire, & joint avec quelques autres indices, il fit venir devant lui le Gentil-homme soupconné; il l'interrogea, & le pressa fort vivement pour apprendre la vérité de ce que le bruit commun & les attaques & abboyemens de ce Chien déposoient contre lui, vu que c'étoit comme autant d'accusations. Mais la honte & la crainte de mourir par un supplice honteux rendirent tellement obstiné & ferme ce Criminel dans la négative, qu'enfin le Roi fut contraint d'ordonner que la plainte du Chien & la négative du Gentil-homme se termineroient par un combat singulier entr'eux deux par le moyen duquel Dieu permettroit que la vérité seroit reconnue ; ensuite de quoi ils furent tous deux mis dans la camp comme deux champions en présence du Roi & de toute la Cour. Le Gentil-homme armé d'un gros & pesant bâton & le Chien avec ses armes naturelles ayant seulement un tonneau percé pour sa retraite & pour ses relancemens. Aussi-tôt que le Chien fut lâché, il n'attendit pas que son ennemi vînt à lui, & comme le bâton du Gentil-homme étoit assez fort pour l'assommer d'un coup il se mit à courir çà & là, à l'entour de lui pour en éviter les coups; mais enfin tournant tantôt d'un côté, tantôt d'un autre, il prit si bien son tems qu'il se jetta d'un plein saut à la gorge de son ennemi & s'y attacha si bien qu'il le renversa à terre & le contraignit à crier miséricorde & supplier le Roi qu'on lui ôtât cette Bête & qu'il diroit tout, sur quoi les écoutes du camp retirerent le Chien & les Juges s'étant approchés par le commandement du Roi, il confessa devant tous qu'il avoit tué son Compagnon sans qu'il y eût personne qui l'eût pu voir, que ce Chien duquel il se confessoit vaincu. L'Histoire dit qu'il fut puni ; mais elle ne dir point de quelle mort ni de quelle façon il avoit tué son concurrent. Si ce Chien eût été au tems des anciens Grecs, lorsque la Ville d'Athénes étoit en son lustre, il eût été nourri aux dépens du Public, son nom seroit dans l'Histoire, on lui auroit dressé une Statue & son corps auroit été enseveli avec plus de raison & à plus juste titre que celui de Xantipes. L'Histoire de ce Chien outre les honorables vestiges peints de sa victoire qui paroissent encore à Montargis, a été recommandée à la posterité par plusieurs Auteurs, & particuliérement par Jule Scaliger en son Livre contre Cardan. *Exerc.* 202.

J'oubliois de dire que ce combat fut fait dans l'Isle Notre-Dame, en présence du Roi & de toute la Cour.

Plutarque dans le traité qu'il a

fait, où il examine quels Animaux font plus fins & industrieux, ou ceux de la terre, ou ceux de l'eau, raconte de quelle maniere le Chien d'Héfiode accufa les enfans de Ganiftor Naupactien d'avoir tué fon Maître & qu'ils en furent punis; & un autre Chien qui en fit de même auprès de Pyrrhus contre certains Soldats de fon Armée; & celui encore qui gardoit le Temple d'Efculape à Athénes. Enfin il refulte de tous ces exemples qu'il eft conftant que le Chien eft le plus fidéle & le plus grand ami de l'Homme.

*Tiré du Théâtre d'Honneur & de Chevalerie, par Vulfon de la Colombiere. tome 2. Paris 1648.*

# CHAPITRE VI.

*Que les Bêtes s'entendent entr'elles par une sorte de langue qui nous est inconnue.*

APRE's ce que nous avons rapporté ci-dessus de l'industrie des Castors, n'est-il pas évident qu'une entreprise si bien suivie & si bien exécutée suppose nécessairement que les Animaux ont entre eux une sorte de langage par lequel ils se communiquent leurs pensées.

Les Loups chassent avec beaucoup d'adresse & concertent ensemble des ruses de guerre. Un homme passant dans une campagne apperçut un Loup qui sembloit guetter un troupeau de moutons. Il en avertit le Berger, & lui conseilla de le faire poursuivre par ses chiens.

H iv

Je m'en garderai bien, lui répondit le Berger. Ce Loup que vous voyez n'eſt là que pour détourner mon attention, & un autre Loup qui eſt caché de l'autre côté n'attend que le moment où je lâcherai mes chiens ſur celui-ci pour m'enlever une brebis. Le paſſant ayant voulu vérifier le fait s'engagea à payer la brebis, & la choſe arriva comme le Berger l'avoit prévuë. Une ruſe ſi bien concertée ne ſuppoſe-t'elle pas évidemment que les deux Loups ſont convenus enſemble, l'un de ſe montrer, l'autre de ſe cacher ? Et comment peut-on convenir ainſi enſemble ſans avoir une connoiſſance raiſonnable & une eſpéce de langage.

Un Moineau trouvant à ſa bienſéance un nid qu'une Hirondelle venoit de conſtruire s'en empara. L'Hirondelle voyant chez elle l'uſurpateur, appella du ſecours pour le chaſſer. Mille Hirondelles arri-

vent à tire d'aîle , & attaquent le
Moineau , mais celui-ci couvert de
tous côtés & ne préfentant que fon
gros bec par la petite entrée du nid
étoit invulnérable & faifoit repen-
tir les plus habiles qui ofoient s'en
approcher. Après un quart d'heure
de combat toutes les Hirondelles
difparurent. Le Moineau fe croyoit
vainqueur & les fpectateurs juge-
rent qu'elles abandonnoient l'en-
treprife. Point du tout. Un moment
après, on les vit revenir à la charge, & chacune s'étant pourvuë d'un
peu de cette terre détrempée dont
elles font leurs nids, elles fondirent
toutes enfemble fur le Moineau &
le claquemurerent dans le nid afin
qu'il y périt , puifqu'elles n'avoient
pû l'en chaffer. Peut-on entrevoir
que les Hirondelles ayent pu for-
mer & concerter ce deffein fans
avoir de la connoiffance & fe communiquer leurs idées ?

Entrez dans un bois où il y a des

Geais, le premier qui vous apperçoit donne l'allarme à toute la troupe, & le bruit ne finit point que
vous ne soyez sorti, ou que votre
présence ne les ait chassés. Les Pies,
les Merles, & presque tous les oiseaux en font autant. Qu'un chat
paroisse sur un toît, ou dans un jardin, le premier moineau qui le découvre fait précisément ce que fait
parmi nous une sentinelle qui apperçoit l'ennemi. Il avertit par ses
cris tous ses camarades, & semble
imiter un tambour qui bat au champ.
Voyez un coq auprès d'une poule,
un pigeon auprès d'une femelle, un
chat à la suite d'une chatte, on diroit que leurs discours ne finissent
point.

Nous-mêmes nous parlons tous
les jours aux bêtes, & elles nous entendent fort bien. Le Berger se fait
entendre de ses moutons. Les va-
ches entendent tout ce que leur dit
une petite paysanne ; nous parlons

aux chevaux , aux chiens , aux oiseaux , & tous nous entendent. Les
bêtes nous parlent aussi à leur tour ,
& nous les entendons. Combien plus
se doivent-elles faire entendre de
leurs semblables ?

Il est vrai que leur langage est
autrement borné, & qu'elles ne sça-
vent qu'exprimer leurs desirs.  Or
leurs desirs sont infinement moins
étendus que les nôtres, & ils sont
bornés à ce qui est purement néces-
saire.

Ecoutez parler un chien. Il ne se
plaindra pas de ce que sa niche n'est
point dorée , ni de ce qu'on ne le
sert pas dans un plat d'argent ; il ne
vous demandera pas le droit de
commander à tous les chiens de la
maison. Tout ce qu'il vous demandera , c'est un peu de nourriture
pour subsister. Si vous le menacez ,
il tâchera de vous fléchir : si vous
le laissez seul, il témoignera par ses
cris son désespoir, & la crainte qu'il

a d'être abandonné fans retour. Si
vous le menez à la promenade, il
vous remerciera avec mille expreffions de joie : s'il voit quelque objet qui l'effraye, il vous le dira par
fes geftes & fes abboyemens ou en
fe rangeant auprès de vous. En un
mot parlez-lui de boire, de manger,
de dormir, de courir, de folâtrer,
de fe défendre contre un ennemi,
& de défendre en vous fon protec-
teur & fon unique appui, il vous
entendra parfaitement, parce que
tout cela tend à fa confervation,
pour laquelle feule la nature leur
a donné la faculté d'entendre & de
fe faire entendre.

C'eft une vieille erreur des Anciens Philofophes de prétendre que
les bêtes ne rient point, & que le
rire eft une propriété effentielle de
l'homme exclufivement aux bêtes;
mais il eft évident que les bêtes rient
très bien à leur maniere & tout
auffi - bien que l'homme. Voyez

deux jeunes chiens folâtrer enfemble dans une campagne, fe furprendre l'un l'autre, fe faire des niches & de fauffes peurs, tout cela fe peut-il faire fans rire ? Eft-il donc effentiel au rire qu'il fe faffe comme dans l'homme par un mouvement de levres & de la bouche qui fe dilate extrémement avec un fon de voix convulfif qui fe termine en des ha, ha, ha, fréquemment répétés. Le rire n'eft qu'une expreffion de joie, & cette expreffion eft néceffairement différente dans les diverfes efpéces d'animaux. L'homme rit à fa maniere, & le chien rit à la fienne. Qu'importe que ce foit par un éclat de voix ou par un fimple mouvement des oreilles ou de la queuë ou quelqu'autre expreffion femblable, c'eft toujours rire.

Il y a outre cela une infinité de chofes qui nous échappent dans les Bêtes, faute d'entendre leur langage, & qui ne leur échappent cependant pas. Diſtinguons - nous leur phiſionomie, par exemple, entre les oiſeaux de la même eſpéce? à peine nous doutons-nous qu'ils en ayent de différentes; rien n'eſt cependant plus certain & ils ne s'y trompent point.

J'ai vû une Hirondelle porter à manger à 6 ou 7 petits rangés à la file ſur une aiguille de cadran. Les petits avoient beau changer de place, la mere ne ſe meprenoit jamais en donnant à manger deux fois de ſuite au même, & elle n'en oublioit aucun. Que dans un troupeau de cent agneaux une brebis entende bêler le ſien, elle le reconnoît auſſi-tôt & court le chercher. Deux moineaux ſe reconnoiſſent entre mille au ſon de la voix. On pourroit alléguer cent faits pareils pour prouver que tous les Animaux ont dans leur commerce entr'eux une fineſſe de diſcernement qui nous échappe & qui leur fait remarquer entr'eux des différences qui font abfolument imperceptibles pour nous.

Non feulement le langage des Bêtes èft borné aux feuls objets qui in-téreffent leur confervation comme on l'a dit ci-deffus, mais il eft encore borné par lui-même en ce qu'il n'a qu'une feule expreffion pour cha-que objet , & c'eft-là la caufe de leurs repetitions fréquentes : car comme il eft naturel que les Bêtes infiftent toujours fur le même objet jufqu'à ce que leur defir foit fatis-fait, ou qu'il foit détourné par un objet plus puiffant , & comme elles n'ont qu'une feule façon de s'ex-primer fur chaque objet , il eft né-ceffaire qu'elles repetent toujours la même expreffion , & que cette re-petition dure auffi long-tems que l'objet les occupe. C'eft ainfi qu'un chien qui aboye la nuit pour quel-que bruit qu'il a entendu , ne fait évidemment que repeter toujours la même phrafe. » Prenez garde ,

» j'entends du bruit qui m'inquiette,
» ou je vois quelqu'un dont je me
» défie, & qu'il le repetera toujours
jusqu'à ce que sa crainte soit paf-
fée.

Cette simplicité ou cette stérili-
té du langage des Bêtes paroît à la
vérité défectueuse;mais il faut auffi
remarquer qu'elle eft remplacée par
des mines, des geftes & des mouvemens qui font une espéce de langage très intelligible & un fuplément
de l'expreffion vocale. Un chien,
par exemple,n'a pas d'expreffion vo-
cale pour demander pardon quand
il apperçoit que vous êtes en colere
contre lui, mais que fait-il ? Il s'hu-
milie devant vous, il rampe à vos
pieds dans la pofture d'un fup-
pliant. Il n'a pas de phrafe pour
dire, ouvrez-moi la porte ; mais il
y gratte, & vous avertit par-là du
defir qu'il a d'entrer ou de fortir,
ne font-ce pas là des actions par-
lantes ? Sans doute, puifqu'elles fe

font bien entendre. Si on ne crai-
gnoit pas d'infifter trop long-tems
fur une chofe auffi fenfible , on
pourroit faire ici , comme dit le
proverbe populaire , des commen-
taires fur les grimaces des Singes :
car il n'eft pas douteux que fi entre
ces grimaces, il y en a qui ne font que
de pures grimaces , il y en a d'autres qui font autant d'expreffions
qui valent bien des mots & des paroles.

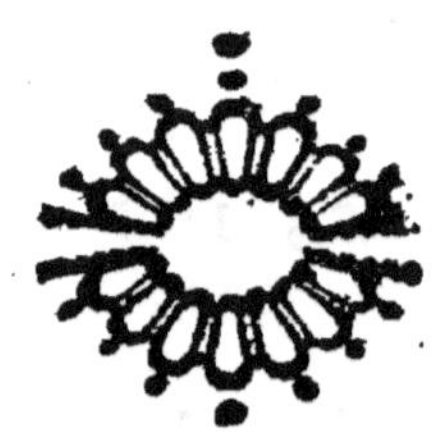

# CHAPITRE VI.

## Sur le Chant des Oiseaux.

AVEC un peu d'attention on peut démêler la signification des expressions vocales de bien des oiseaux, & que nous nous imaginons être un chant. Prenons pour exemple le Serin. Quand il voit que sa femelle néglige de couver ses œufs & s'absente du nid trop long-tems, écoutez son discours : il lui dit sûrement alors qu'il est inquiet, qu'il faut qu'elle aille à ses œufs, & si elle n'obéit il est prêt à la vouloir battre. Lorsque la femelle obligée de tenir chaudement ses petits sous elle, n'a pas le tems d'aller manger, & que le mâle lui dégorge de la nourriture dans le bec, elle lui té-

moigne ſa ſatisfaction par le batte-
ment de ſes aîles , & par un petit
cri différent de tous les autres qui
doit néceſſairement ſignifier , » Je
» ſuis bien aiſe , vous me faites plai-
» ſir. «

Il y a ſurtout deux circonſtances
où le Serin ainſi que le Roſſignol ,
le Pinſon, la Fauvette & tous les oiſeaux parlent, ou ſi on veut chantent
plus qu'à l'ordinaire. C'eſt lorſqu'il
appelle une femelle , tandis qu'elle
couve ſes œufs ou ſes petits. Quoique dans ces deux circonſtances ſes
ſons paroiſſent les mêmes , on peut
cependant remarquer, outre les différences que nous n'appercevons
pas , que dans la premiere , le chant
eſt plus vif , plus animé , & accompagné d'autres. Eh , que peut-il ſignifier alors , ſi ce n'eſt ; » Je deſire
» que vous ſoyez ma femelle? Venez
» avec moi, nous ferons menage enſemble. «

Dans la ſeconde circonſtance ,

le Serin & le Rossignol disent toute
autre chose. Ce qui les fait chanter
alors, c'est le besoin de rassurer la
femelle trop occupée pour songer
à sa sûreté. Le mari veille pour elle
perché sur une branche voisine,
d'où il observe tout ce qui se passe
pour avertir sa femme, s'il survient
quelque juste sujet de crainte. S'il
cessoit quelque tems de chanter, la
femelle inquiéte quitteroit son nid.
Tandis qu'il chante, elle y reste
tranquille ; mais croire que le Rossignol chante alors pour chanter,
c'est un préjugé qui n'a nulle res-
semblance, puisque les oiseaux
n'ont nulle idée de ce que nous ap-
pellons chant, ni aucun sentiment
d'harmonie, quoiqu'il nous ait
plû d'appeller chant leur langage.
Quand même on voudroit croire
qu'il chante, il faudroit toujours
supposer qu'il chante des paroles,
je veux dire que son chant signifie
quelque chose. Eh que peut-il vou-

loir exprimer alors si ce n'est de dire à sa femme:Soyez tranquille,je veille »pour vous,vous n'avez rien à crain- » dre, je vous avertirai, s'il arrive »quelque chose?Voilà ce que disent » tous les oiseaux & ce qu'ils repe- » tent tous les jours en pareille cir- »constance. « Le Moineau plus la- conique dans son stile le dit en une phrase fort courte, mais qu'il re- pete continuellement. La phrase du Pinson est un peu plus longue. Cel- le du Serin l'est encore davantage. Celle de la Fauvette encore plus, & enfin celle du Rossignol est la plus longue de toutes. Car dans toute la suite de son chant, il est sensible qu'il n'en dit pas plus que le Moineau.

Il y a d'autres Animaux qui for- ment des sons qui sont à la vérité trop délicats pour nos oreilles, mais qui n'en sont pas moins entendus par ceux de leur espéce. Car il faut observer que l'oreille de l'homme est extrémement grossiere, & que c'est l'effet d'une sage Providence. En effet si notre oreille étoit sensible aux plus petites vibrations de l'air dans lequel nous vivons, nous ferions continuellement étourdis de mille bruits confus qui ne nous permettroient pas d'en distinguer aucun. Il y a donc certainement dans l'air beaucoup de sons que nous n'entendons pas : tel est le bruit que fait un Ver à soye en grugeant une feuille de meurier. S'il est seul, ou s'il n'y en a que cinq ou six, personne ne les entend ; mettez-en une certaine quantité dans un cabinet & alors tous ces petits bruits rassemblés à l'unisson sont très-sensibles à nos oreilles. Les Reptiles & les Insectes sont dans ce cas ; cependant il y a plusieurs espéces de Reptiles qui ont des expressions vocales très-sensibles, comme les Serpens, les Grenouilles, les Crapaux. Les autres Insectes n'ont pas à proprement parler une expreſſion vo-cale que nous connoiſſions ; ils n'ont qu'un cri, comme le Grillot, la Cigale, les Papillons, les Mou-ches ; mais il n'eſt pas douteux que le cri du Grillot, par exemple, & de la Cigale ne leur ſerve à s'ap-peller pour ſe joindre enſemble ; de même on peut croire que le bourdonnement des Mouches leur ſert à ſe reconnoître dans chaque ſociété, ſoit par l'uniformité & l'u-niſſon du ton, ſoit par des diffé-rences imperceptibles que nous ne ſentons pas, ce qui fait l'équiva-lent de l'expreſſion vocale. Or ce que la Nature a fait pour quelques Inſectes, elle l'a ſurement fait pour tous.

Il y a par exemple, une eſpéce d'Araignées qui ont une façon tou-te particuliere de ſe témoigner l'u-ne à l'autre le deſir qu'elles ont de ſe rapprocher. Il eſt vrai, dit l'Au-teur du langage des Bêtes, que je

n'en ai jamais été que témoin au-
riculaire; mais on m'a aſſuré que
c'étoient desAraignées qui faiſoient
le bruit dont je veux parler. Une
Araignée qui veut avoir compagnie
frappe je ne ſçai avec quel inſtru-
ment ſur le mur ou ſur le bois où
elle s'eſt établie neuf ou dix petits
coups à peu près ſemblables aux
battemens d'une montre; mais un
peu plus forts & plus ſerrés, après
quoi elle attend qu'on lui réponde.
Si elle n'entend point de réponſe,
elle recommence d'intervalle en intervalle pendant environ une heure ou deux, reprenant cet exercice & ſe repoſant alternativement
le jour, comme la nuit. Au bout
de deux ou trois jours ſi elle n'entend rien, elle change de demeure
juſqu'à ce qu'elle ait trouvé quelqu'un qui lui réponde. C'eſt une autre Araignée qui lui répond pre-
ciſement de la même maniere, &
comme par écho. Si la propoſition

plaît

plaît , la converſation s'anime & les battemens deviennent plus fréquens. Prêtez-y l'oreille, & vous jugez par le bruit, que peu à peu l'une s'approche de l'autre & que les battemens ſe joignent enfin de ſi près qu'ils ſe confondent les uns dans les autres, après quoi vous n'entendez plus rien. Je me ſuis quelquefois amuſé à faire ainſi l'écho d'une Araignée, que j'entendois battre & dont j'imitois le bruit, elle me répondoit fidélement ; elle m'attaquoit même quelquefois de converſation, & j'en ai ſouvent donné le plaiſir à diverſes perſonnes à qui je diſois que c'étoit un eſprit familier.

Or je ſuis perſuadé que ſi nos organes étoient aſſez délicats pour ſentir & appercevoir leurs mouvemens & leurs mines, ou ce qui leur tient lieu de voix, nous trouverions dans les Fourmis , dans les Vers, les Chenilles, en un mot dans tous les Inſectes un langage établi pour leurs beſoins & pour leur conſervation, & comme il y a quelques eſpéces d'Inſectes en qui nous remarquons plus d'induſtrie & de connoiſſance que dans de grands Animaux, il eſt à croire que ces eſpéces ont auſſi un langage plus parfait à proportion, quoique toujours borné aux beſoins de la vie.

# CHAPITRE IX.

*Sur l'industrie des Oiseaux dans la construction de leurs nids & l'éducation de leurs Petits.*

EN quelque endroit que les Oiseaux ayent dessein de construire leur nid, c'est toujours sous quelque abri. Ils cherchent ou des herbes ou une branche épaisse, ou des feuilles doublées sur lesquelles la pluie s'écoule comme sur un toît sans entrer dans la plus petite ouverture du nid qui est caché dessous. Les dehors du nid sont des matieres grossieres pour servir de fondement. Ils y employent les joncs, les gros foins, la mousse, les épines mêmes. Sur cette premiere assise qui est assez informe, ils éten-

dent & plient en rond des matériaux plus délicats, & qui étant bien
ſerrés les uns contre les autres fer-
ment l'entrée aux vents & aux inſectes. Mais chaque eſpéce a ſon
goût & ſa façon de ſe loger. Le logis fait, ils ne manquent point de
tapiſſer le dedans de petites plumes,
ou de l'étoffer avec de la laine ou
même de la ſoye pour entretenir
une chaleur bienfaiſante autour
d'eux & de leur petits. Quand les
ſecours leur manquent, il n'eſt
rien qu'ils n'imaginent pour y ſup-
pléer. C'eſt ce qu'on a remarqué
en des Serins, auxquels on n'avoit
donné que du foin pour faire leur
nid. Faute de coton ou de ſoye, la
femelle eut recours à un expédient
admirable ; elle ſe mit à plumer
l'eſtomac du mâle ſans trouver op-
poſition. Puis elle revêtit fort proprement de ce duvet tout l'intérieur de ſon nid.

Il y a d'autres oiseaux qui ont une autre sorte d'adresse dans la construction de leurs nids , car on remarque que les poils , les crins & les joncs qui les composent sont adroitement croisés & entrelacés. Il y en a comme celui de la Mesange à longue queuë , dont toutes les piéces sont proprement attachées & liées avec un fil que l'oiseau se fait avec de la bourre , du chanvre , du crin , & plus ordinairement avec les toiles d'araignées qu'il trouve lorsque les araignées vagabondes remplissent la campagne de leurs fils. On voit d'autres oiseaux comme le Merle & la Hupe , qui après avoir fait leur nid en enduisent le dedans d'une petite couche de mortier qui cole & maintient tout ce qui est dessous , & qui à l'aide de quelque peu de bourre ou de mousse qu'ils y attachent , forment par dedans une espéce de mur très-propre à conserver la chaleur. Le nid

de l'Hirondelle eft d'une ftruĉture
toute différente des autres , il ne
lui faut ni bois ni foin , ni lien , elle
fçait gâcher une efpéce de plâtre
& de ciment avec lequel elle fe fait
& à toute fa famille un logement
également propre, fûr & commode.
Elle n'a ni fceau pour puifer l'eau ,
ni brouette pour voiturer le fable ,
ni pêle pour mêler le mortier. Mais
on la voit paffer & repaffer fur quelque baffin , étang ou autre lieu où
il y a de l'eau : elle tient fes aîles é-
levées & fe mouille l'eftomac fur
la fuperficie de l'eau , puis de la ro-
fée qu'elle fait réjaillir fur la pouf-
fiere , elle la détrempe & en ma-
çonne enfuite avec le bec. Or n'eft-
ce pas une raifon admirable qui di-
rige le travail de ces oifeaux dans
la conftruĉtion de leurs nids ? Car
où cet oifeau a-t-il appris qu'il auroit des œufs , qu'il falloit un nid à
ces œufs pour les empêcher de tomber & pour les échauffer ; que la

chaleur ne fe concentreroit pas autour de ces œufs fi le nid étoit trop
grand : que les petits n'y pourroient
pas tenir s'il le faifoit plus petit ?
Comment connoît-il la jufte proportion de l'étendue du nid avec le
nombre des enfans qui doivent naî-
tre ? Qui a dirigé fa connoiffance
pour ne point fe tromper au tems ,
& pour empêcher que la ponte des
œufs ne prevînt la ftructure du nid?

## De la Couvée.

Quand le nid eft fait , la femelle
y met bas fes œufs dont le nombre
varie fuivant les efpéces. Il y en a
qui ne donnent que deux œufs à
la fois , d'autres en donnent quatre
ou cinq , & quelques - uns jufqu'à
dix-fept ou dix-huit. Les œufs venus la femelle & le mâle les couvent
tour à tour. Plus ordinairement
c'eft la femelle qui prend ce foin.
C'eft ici qu'on ne peut s'empêcher

d'admirer l'impreſſion puiſſante d'une raiſon ſupérieure ſur ces petites créatures. Elles ne ſavent aſſurément, ni ce que contiennent leurs œufs, ni la néceſſité qu'il y a de les couver pour les faire éclore. Cependant cet Animal ſi inquiet, ſi volage, oublie en ce moment ſon naturel pour ſe fixer ſur ſes œufs, pendant le tems néceſſaire. La mere ſe gêne, renonce à toutes ſes courſes, & demeure près de vingt jours de ſuite collée ſur ſa couvée avec une affection ſi grande qu'elle oublie de manger. Le pere de ſon côté partage & adoucit le travail. Il apporte à manger à ſa fidelle compagne. Il lui met dans le bec la mangeaille toute preparée. S'il interrompt ſes ſoins auprès d'elle, c'eſt pour la rejouir par ſon chant. Ce ne ſont qu'allées & venues qu'il fait pour ſon ſervice ; & l'on ne ſait ce qu'on doit admirer le plus ou de l'aſſiduité pénible de cette

petite mere ou de l'inquiétude offi-
cieuse du mari.

## *Éducation des Petits.*

On suppose les œufs éclos. Voilà
les Poussins venus. Que de nouveaux soins pour le pere & pour
la mere jusqu'à ce que la nouvelle
troupe se puisse passer d'eux ! On
diroit qu'ils sentent alors ce que
c'est que d'être chargé de famille.
Il faut trouver à vivre pour huit, au
lieu de deux. La Fauvette & le
Rossignol travaillent alors comme
les autres : on n'a plus le tems de
chanter, du moins le fait-on plus
rarement. Le besoin les presse, ils
sont toujours en quête, tantôt l'un,
tantôt l'autre. Ils distribuent la
nourriture avec beaucoup d'égali-
té, en donnant à chacun sa portion
tour à tour. Cette tendresse des
meres pour leurs petits va jusqu'à
changer leur naturel. Suivez une

Poule devenue mere de famille; elle n'eſt plus la même. L'amitié change ſes humeurs, & corrige ſes défauts : elle étoit auparavant gourmande & inſatiable ; préſentement elle n'a plus rien à elle. Trouve-t-elle un grain de bled, une mie de pain, ou même quelque choſe de plus abondant & qu'on pourroit partager ? elle n'y touche pas. Elle avertit ſa troupe par des cris que ſes petits connoiſſent. Ils accourent bien vîte & toute la trouvaille eſt pour eux. La mere ſe borne frugalement à ſes repas. Cette mere naturellement timide ne ſavoit que fuir. A la tête d'une troupe de Pouſſins, c'eſt une Lionne qui ne connoît plus de danger, qui ſaute aux yeux du chien le plus fort. Qu'on obſerve une Poule d'Inde à la tête de ſes petits. On lui entend quelquefois pouſſer un cri lugubre dont on ignore la cauſe & l'intention. Auſſi-tôt tous ſes petits ſe tapiſſent fous des buiffons, fous l'herbe, fous ce qui fe préfente ; ils difparoiffent tous, ou s'il n'y a point de quoi les couvrir, ils s'étendent par terre & contrefont les morts. On les voit dans cette pofture fans branler pendant des quarts d'heure entiers & fouvent beaucoup plus. La mere cependant porte fes regards en haut d'un air allarmé : elle redouble fes foupirs, elle réitere fes cris qui abbattent tous fes petits. Les perfonnes qui remarquent l'embarras de cette mere & fon attention inquiéte cherchent dans l'air ce qui y peut donner lieu, & enfin on apperçoit fous les nues qui traverfent l'air un point noir qu'on a peine à démêler. C'eft un oifeau de proye que fon éloignement dérobe à notre vue, mais qui n'échappe ni à la vigilance ni à la pénétration de notre mere de famille. C'eft ce qui lui a donné l'allarme. Ou en a vû une demeurer dans cette agitation, & fes pe-

tits ſe tenir collés contre terre pendant quatre heures de ſuite que
l'oiſeau tournoit, montoit & deſ-
cendoit au-deſſus d'eux. Enfin l'oiſeau diſparoit-il ? La mere change
de note, elle pouſſe un autre cri qui
rend la vie à tous ſes petits. Ils accourent tous auprès d'elle, ils battent des aîles, ils lui font fête, &
on comprend que dans leur langage ils ont cent choſes à lui dire.

# CHAPITRE X.

*Remarques sur les Oiseaux de Passage.*

ON est en peine de savoir ce
que deviennent les Hiron-
delles & tant d'autres Oiseaux qu'on
voit pendant un tems & qui dispa-
roissent tout d'un coup. Voici ce
que les Savans, curieux de l'histoire naturelle ont observé sur ce sujet. Il y a des Oiseaux de Passage
qui se plaisent dans les pays froids ;
d'autres se plaisent dans les climats
temperés ou même dans les chauds.
Quelques espéces se contentent de
passer d'un pays dans un autre, où
l'air & les nourritures les attirent en
certain tems. D'autres traversent
les Mers, & entreprennent des
voyages d'une longueur qui sur-
prend. Les Oiseaux de Passage les

plus connus font les Cailles, les Hirondelles, les Canards fauvages, les Pluviers, les Becaffes, les Grues.

Les Cailles, au Printems, paffent d'Afrique en Europe pour y jouir d'un Eté plus fupportable qu'en Afrique. Sur la fin de l'Automne, elles s'en retournent pardeffus la Méditerranée, pour jouir dans l'Egypte & dans la Barbarie d'une chaleur douce & femblable à celle des climats qu'elles abandonnent; les Cailles s'en vont par troupes, quelquefois comme des nuées : affez fouvent les vaiffeaux en font tout couverts.

La méthode des Hirondelles paroit différente. On prétend que plufieurs paffent la Mer. Mais il paroît conftant par les Relations d'Angleterre & de Suéde [a] que celles des pays les plus Septentrionaux s'arrêtent en Europe & fe cachent

[a] Tranfact. Philofoph. 12 Fév. 1713. Journal des Savans 1668.

dans des trous fous terre , en s'accrochant les unes aux autres, pattes
contre pattes, bec contre bec. Elles
fe mettent par tas dans des endroits
éloignés du paffage des hommes ,
où elles font même gagnées par les
eaux. La précaution qu'elles ont
prife par avance de fe bien luftrer
les plumes avec leur hu ile, & de fe
mettre comme un pel oton, la tête
en dedans, le dos en dehors, les
garantit fous l'eau & fous la glace
même. Elles s'y engourdiffent & y
paffent l'hiver fans mouvement. Le
cœur continuë cependant toujours
à leur battre , & au retour du Printems la chaleur les degourdit : elles
regagnent alors leurs demeures ordinaires ; chacune d'elles retrouve
fon pays, fon village, ou fa ville &
fon nid.

Bien des gens remarquent tous
les ans en Automne un certain jour
où toutes les Hirondelles s'affem-
blent pour partir de compagnie , &

quoiqu'ils ayent vû très - souvent
des bandes d'oiseaux qui s'en vont
en voyage , ils avouent néanmoins
qu'ils regardent toujours cette merveille avec des yeux d'admiration.

En effet , dans leur passage au-
dessus des Royaumes & des Mers je
ne sçai ce qu'il faut le plus admirer
ou de la force qui les soutient dans
uu si long trajet , ou de l'ordre avec
lequel tout s'exécute. Qui est-ce
qui a appris à leurs petits qu'il faudroit bien - tôt quitter leurs pays
natal & voyager dans une terre é-
trangere ? Ont - ils un Calendrier
pour reconnoître la saison & le jour
où il faut se mettre en route? (a) Qui
est-ce qui sonne la trompette pour
annoncer au Peuple la resolution
prise, afin que chacun se tienne prêt,
car le lendemain du départ il ne
paroît ni traîneurs , ni deserteurs.
Comment ont-ils l'adresse de régler
leur marche ? Connoissent - ils les

_______________

(a) *Explic. de l'ouvr. de six jours.*

Isles où ils pourront se reposer & trouver du rafraîchissement? Où est la Boussole qui les guide pour les conduire du côté où ils se proposent d'arriver, sans être dérangés dans leur vol, ni par les pluyes, ni par les vents, ni par l'obscurité affreuse de plusieurs nuits ? Ou bien enfin ont-ils une raison supérieure à celle de l'homme qui n'ose tenter ce passage qu'avec tant de machines & de précautions? Ils n'ont assûrément ni Cartes ni Boussole. Mais il faut bien croire que Dieu leur imprime à tous une méthode particuliere & des sentimens qui suffisent pour leur état ; & que ce Souverain Créateur qui a donné à l'Homme une raison qui s'étend à toutes choses, a donné aux Animaux une imitation de la raison, bornée à la vérité à un seul point, mais d'autant plus merveilleuse en ce point, que cette même imitation est un sujet impénétrable à l'esprit humain.

F I N.

# TABLE
## DES CHAPITRES

Contenus dans ce volume.

## DES ELEPHANS.

FIN DE LA TABLE.

# APPROBATION.

J'Ai lû par ordre de Monseigneur le Chancelier, un Manuscrit intitulé, *Histoire des Singes*, &c. & je n'y ai rien trouvé qui puisse en empêcher l'impression. A Paris, ce 16 Mars 1752.

· LAVIROTTE.

# PRIVILEGE DU ROI.

LOUIS, par la grace de Dieu, Roi de France & de Navarre : A nos aînés & féaux Conseillers les Gens tenant nos Cours de Parlement, Maîtres des Requêtes ordinaires de notre Hôtel, Grand-Conseil, Prévôt de Paris, Baillifs, Sénéchaux, leurs Lieutenans civils & autres nos Justiciers qu'il appartiendra. SALUT. Notre amé NICOLAS-BONAVENTURE DUCHESNE , *Libraire à Paris*, Nous a fait exposer qu'il désireroit faire imprimer, & réimprimer des Ouvrages qui ont pour titre *Histoire des Singes & autres Animaux curieux. La Grammaire Allemande de M. Gottscher. Fables mises en vers par M. de Rivery avec une Traduction de Silvie Pastorale. Théâtre Allemand, Méditations Chrétiennes pour tous les jours de l'année par le Révérend Pere Chappuis de la Compagnie de Jesus.* S'il Nous plaisoit lui accorder nos Lettres de Privilége pour ce nécessaires. A CES CAUSES, voulant favorablement traiter l'Exposant , Nous lui avons permis & permettons par ces Présentes de faire imprimer & réimprimer lesdits Ouvrages en un ou plusieurs volumes autant de fois que bon lui semblera , & de les vendre, faire vendre & débiter par tout notre Royaume , pendant le tems de six années consécutives, à compter du jour de la date des Présentes. Faisons défenses à tous imprimeurs, Libraires & autres personnes de quelque qualité & condition qu'elles soient, d'en introduire d'impression étrangere dans aucun lieu de notre obéissance, comme aussi d'imprimer ou faire imprimer, vendre, faire vendre, débiter ni contrefaire lesdits Ouvrages, ni d'en faire aucun extrait sous quelque prétexte que ce soit, d'augmentation, correction, changement ou autres , sans la permission expresse & par écrit dudit Exposant ou de ceux qui auront droit de lui , à peine de confiscation des Exemplaires contrefaits , de trois mille livres d'amende contre chacun des contrevenans , dont un tiers à Nous , un tiers à l'Hôtel-Dieu de Paris , & l'autre tiers audit Exposant , ou à celui qui aura droit de lui, & de tous dépens, dommages & intérêts , à la charge que ces Présentes seront enregistrées tout au long sur le Registre de la Communauté des Imprimeurs & Libraires de Paris, dans trois mois de la date d'icelles ;

que l'impreſſion & réimpreſſion deſdits Ouvrages ſera
faite dans notre Royaume , & non ailleurs , en bon
papier & beaux caractères , conformément à la feuille
imprimée , attachée pour modéle ſous le contre-ſcel des
Préſentes , que l'Impétrant ſe conformera en tout aux
Réglemens de la Librairie , & notament à celui du dix
Avril 1725. & qu'avant de les expoſer en vente , les
Manuſcrits & Imprimés qui auront ſervi de copie à l'impreſſion & réimpreſſion deſdits Ouvrages ſeront remis dans
le même état où l'approbation y aura été donnée ès mains
de notre très-cher & féal Chevalier Chancelier de France , le Sieur de LAMOIGNON , & qu'il en ſera enſuite
remis deux Exemplaires de chacun dans notre Bibliothé-
que publique , un dans celle de notre Château du Lou-
vre , un dans celle de notredit très-cher & féal Chevalier Chancelier de France , le Sieur de LAMOIGNON ,
& un dans celle de notre très-cher & féal Chevalier
Garde des Sçeaux de France , le Sieur de Machault , Com-
mandeur de nos Ordres , le tout à peine de nullité des Préſentes , du contenu deſquelles vous mandons & enjoi-
gnons de faire jouir ledit Expoſant & ſes ayans cauſe ,
pleinement & paiſiblement , ſans ſouffrir qu'il leur ſoit
fait aucun trouble ou empêchement. Voulons que la
copie des Préſentes , qui ſera imprimée tout au long ,
au commencement ou à la fin deſdits Ouvrages , ſoit tenue pour duement ſignifiée & qu'aux copies collationnées
par l'un de nos amés & féaux Conſeillers Sécrétaires foi
ſoit ajoutée comme à l'original. Commandons au premier notre Huiſſier ou Sergent ſur ce requis , de faire
pour l'éxécution d'icelles , tous Actes requis & néceſſaires,
ſans demander autre permiſſion , & nonobſtant clameur
de Haro , Charte Normande , & Lettres à ce contraires ;
CAR tel eſt notre plaiſir. DONNE' à Verſailles le dix-ſeptié-
me jour du mois d'Avril l'an de grace mil ſept cent cinquante deux , & de notre regne le trente-ſeptiéme.
Par le Roi en ſon Conſeil.

S A I N S O N.


*Regiſtré ſur le Regiſtre XII. de la Chambre Royale
des Libraires - Imprimeurs de Paris N°. 760. fol. 616.
conformément aux anciens Réglemens confirmés par celui
du 28. Février 1723. A Paris le 21. Avril 1752.*

C O I G N A R D , Syndic.


━━━━━━━━━━━━━━━━━━━━━━━━◄


De l'Imprimerie de BALLARD , ſeul Imprimeur du Roi ,
pour la Muſique, & Noteur de la Chapelle de Sa Majeſté, rue Saint Jean-de-Beauvais , à Ste Cecile.